D0836423

Elogios para
EL LÍDER MOXIE y John Baldoni

"John Baldoni es un líder de pensamiento prolífico. Con *EL LÍDER MOXIE*, él ayuda a los líderes a reconocer el fuego que los guía. Abordando los temas de liderazgo, innovación y compromiso, John trae a la vida la emoción que nos impulsa a todos a luchar por la cima del éxito, que es a menudo tan difícil de alcanzar. *EL LÍDER MOXIE* debe ser leído por cualquier ejecutivo o gerente de alto nivel que busque traer de vuelta la energía a su vida y su carrera".

—Marshall Goldsmith, pensador Top 50 y autor de los *best sellers What Got You Here Won't Get You There* y *MOJO*.

"La más reciente oferta de John Baldoni, *EL LÍDER MOXIE*, es un libro invaluable para los líderes de hoy en día. Basándose en ejemplos de grandes pioneros del pasado, Baldoni da cuenta de la manera efectiva en que los líderes trabajan y se comportan, siempre con pasión y firmes propósitos. Integrando de forma brillante la tradicional psicología de la autoconciencia con la crítica necesidad de talento humano y resiliencia, *EL LÍDER MOXIE* resulta ser el paquete completo. ¡Muy placentero de leer e inspirador!

—Stephen M.R. Covey, autor del *best seller La velocidad de la confianza* y coautor de *Confianza inteligente*.

"Mente atenta, oportunidad, factor X, innovación, emprendimiento. *EL LÍDER MOXIE*. Justo lo que hace falta hoy en día en la América corporativa. John Baldoni es reconocido por prestar sus servicios de *coaching* a ejecutivos de alta gama, al igual que por sus columnas y libros. Bien sea empezando una idea innovadora que está atrayendo inversionistas o bien acomodado en una esquina de alguna oficina. El libro de John Baldoni debe estar en la lista de los libros que leen todos aquellos que se esfuerzan por alcanzar la excelencia y el éxito".

—Mike Myatt, autor del *best seller Hacking Leadership* y columnista de liderazgo de la revista *Forbes.*

"¡Finalmente, la obra definitiva sobre liderazgo! Con mira láser y un enfoque histórico global, John Baldoni nos ha regalado la esencia de la vida real, cualidades auténticas que inspiran grandeza en equipos, compañías y naciones".

—Denis Waitley, autor del *best seller La psicología del ganador.*

"¡No dejes que el título te engañe! El libro de John no se trata sobre cómo ser un rudo hombre de negocios. Se trata de tener la resolución interna para hallar tu lugar especial como líder y utilizar esto para tener un impacto en los demás. Una vez leas los ejemplos de la vida real de líderes que todos admiramos, podrás profundizar en tu propio factor X. ¡Ve y compra este libro!".

—Paul Spiegelman, exdirector ejecutivo de *The Beryl Companies* y autor del *best seller Patients Come Second*

"En *EL LÍDER MOXIE*, John Baldoni aborda el más grande desafío y, a la vez, la más grande oportunidad que enfrentan los líderes de hoy en día. Aquellos que abusan de su posición de poder, pierden la fe y la confianza de sus seguidores; aquellos que trabajan duro e intentan hacer las cosas de la manera correcta, ganan influencia. La personas quieren seguir a estos últimos, porque confían en ellos".

—Barbara Kimmel, directora ejecutiva de *Trust Across America*

"¡*MOXIE!* Todo gran líder lo tiene. Todo gran líder lo busca en las personas que él o ella lidera. Indaga bajo las capas de las empresas más emocionantes y exitosas de nuestro tiempo y hallarás *MOXIE*. Estudia los casos de las personas que han cambiado la historia, hallarás *MOXIE*. Lee este libro y deja que John Baldoni desenvuelva majestuosamente para ti una de las fortalezas de carácter más codiciadas del mundo".

—Kevin Freiberg, coautor del *best seller* internacional *¡Chiflados! La extravagante receta de southwest airlines para el éxito empresarial y personal* y *Do Something Now: Be the One Who Makes Something Happen*

En *EL LÍDER MOXIE*, John Baldoni explora lo que implica liderar de adentro hacia afuera. Al enfocarse en una mentalidad atenta, Baldoni muestra de qué manera los líderes pueden emplear su resolución interna para pintar un cuadro del futuro y superar obstáculos, alcanzando así el éxito de la organización a la cual pertenecen.

—Gary P. Von Kennel, Director ejecutivo global en retiro de *Rapp Worldwide* y exdirector ejecutivo de *Tracy Locke Advertising*

"*EL LÍDER MOXIE* es un libro inusual de liderazgo, tan fresco como duradero, que te hará reflexionar sobre tu manera de liderar. John, un *coach* de corazón, ha escrito un libro indispensable tanto para aspirantes a líderes como para directores ejecutivos, en un estilo que se asemeja a una gran conversación entre amigos. Las librerías están llenas de manuales que intentan capturar lo más novedoso del liderazgo; en *MOXIE*, John ofrece las grandes características que permanecen y ayudan a los líderes, independientemente de la industria y el contexto. Si eres un líder, este libro te servirá como un recurso confiable a través de los años venideros".

—Brian Layer, Director ejecutivo de *N2growth* y General en retiro del Ejército de los Estados Unidos.

EL LÍDER MOXIE

La fórmula secreta para un liderazgo audaz y valiente

John Baldoni

TALLER DEL ÉXITO

Para mi hija, Ann Baldoni,
que sabe lo que es MOXIE, pues lo vive

Contenido

Agradecimientos

EL LÍDER MOXIE representa muchas de las ideas que he observado en hombres y mujeres en posiciones de liderazgo. La influencia de estas personas sobresalientes me ha permitido desarrollar un libro que ayudará a otros a alcanzar su propio potencial de liderazgo.

Le debo un especial agradecimiento a los líderes que compartieron conmigo su tiempo durante entrevistas y sesiones de investigación. Ellos son: Fernando Aguirre, el General John Allen, Donald Altman, Doug Chester Elton, Mark Goulston, Adam Grant, Jim Haudan, Jim Kouzes, Ryan Lance y Richard Sheridan. Sus percepciones han hecho de este un mejor libro. Estoy agradecido con cada uno.

Debo destacar a Rich Wellins, PhD, de DDI, por permitirme citar la excelente investigación de DDI. Lo mismo aplica para el *Hay Group*, por permitirme publicar sus estudios globales sobre liderazgo.

Quiero agradecer a mi agente literario, Eric Nelson de *Susan Rabiner Literary Agency,* por creer en este libro al igual que en mí. Eric me proporcionó ideas que sin duda enfocaron el libro de una mejor manera. Sarah McArthur fue mi correctora de estilo personal, y con ella también estoy muy agradecido. Jill Schoenhaut planeó la producción y Susan Lauzau hizo su magia con la impresión.

Mike Myatt, mi colega en *N2growth*, ha sido un gran apoyo en este proyecto y quiero darle un agradecimiento especial. Tyler Walker, el director creativo en *N2growth*, diseñó la infografía, por lo cual lo aprecio mucho (Ty se dispone a sacrificar su arte por entrar a la escuela de medicina; una gran pérdida para mí, pero una ganancia para la humanidad). Y, finalmente, quiero agradecer a mi esposa, Gail Campanella, por su fe en mí y en mi trabajo. Gracias de nuevo, cariño.

Lista de expertos

Las siguientes personas fueron entrevistadas para conocer sus ideas sobre cómo los líderes emplean los principios de *EL LÍDER MOXIE* para reunir personas en torno a un propósito común.

Fernando Aguirre, exdirector ejecutivo de *Chiquita Brands.*

General (retirado) John Allen, de la Marina de E.E.UU, comandante de las fuerzas NATO en Afganistán (2009-2011) y delegado especial para el Medio Oriente por el Secretario de Estado John Kerry.

Donald Altman, MA, LPC, psicoterapeuta y autor de *One Minute Mindfulness* y *The midnfulness code.*

Doug Conant, exdirector ejecutivo de *Campbell Soup Company* y coautor de *Touch Points.*

Chester Elton, "el apóstol de la apreciación", coautor de *Objetivo: zanahoria, The Orange Revolution* y coautor con Adrian Gostick de *All In: How the Best Managers Create a Culture of Belief and Drive Big Results.*

Mark Goulston, MD, *coach* ejecutivo, fundador de Heartfelt Leadership, y autor de *¡...Sólo escucha!* y *Get Out of Your Own Way at Work.*

Adam Grant, PhD, profesor de administración de empresas en la Universidad de Pennsylvania Wharton School, y autor de *Dar y recibir.*

Jim Haudan, Director ejecutivo de Root, Inc., y autor de *El arte del compromiso.*

Jim Kouzes, Decano de Liderazgo ejecutivo, Leavey School of Business, en Santa Clara University y coautor con Barry Posner de más de treinta libros de liderazgo y libros de trabajo, incluyendo *El desafío del liderazgo.*

Ryan Lance, Director ejecutivo de *ConocoPhillips.*

Richard Sheridan, cofundador y director ejecutivo de Menlo Innovations y autor de *Joy, Inc.: How We Built a Workplace People Love.*

Prólogo

Dame un lugar donde pararme y una palanca lo
suficientemente larga, y moveré el mundo.

Arquímedes

¡MOXIE! La sola imagen hace pensar en hombres rudos con
narices torcidas y sombreros de ala cubriendo sus ojos.
Era una palabra común en la década de 1930 y, generalmente, estaba asociada a las personas nacidas con el pie
izquierdo. Gente del común con quienes las circunstancias no habían sido muy amables. Tenían que sobrevivir
con lo poco que tenían, aun si eso significaba valerse de
sus nudillos. Se decía que los luchadores callejeros tenían MOXIE, un sentido interno de rudeza. Sabían pe-
lear y recibir un puñetazo. Eran tipos rudos, y los fuertes
golpes que habían recibido perduraban en sus rostros.

Tres cuartos de siglo después, MOXIE no es una
palabra usada comúnmente, pero es una de mis favoritas. Me gusta emplearla para referirme a líderes con
un sentido interno de rudeza. La mayoría no proviene

de barrios duros o callejones peligrosos, pero todos han logrado superar un buen número de luchas; aunque no en el *ring* o en lugares donde hayan tenido que utilizar sus nudillos, todos han sido luchadores por igual. Son hombres y mujeres que tuvieron lo necesario para liderar a otros en circunstancias difíciles.

MOXIE es la esencia de lo que hace a un líder rudo en su interior y blando en su exterior. Estas personas saben lo que es ser derribado, pero, mejor aún, saben cómo levantarse. También saben defender a los demás, en especial cuando la suerte está echada; tú los quieres de tu lado. Y, por suerte, casi siempre lo están.

Por definición, MOXIE es iniciativa *(levántate y hazlo)*, agallas (coraje) y determinación *(perseverancia)*, todo junto. Estos son rasgos que cualquier líder necesita. Sin embargo, para mí hay un aspecto más: Moxie era el nombre de una gaseosa, una bebida suave carbonatada. Y, por eso, sin ir demasiado lejos, puedes ponerle un poco de dulce al concepto, pues los líderes rudos tienen atractivo, un toque de miel que atrae a la gente hacia ellos. Son agradables.

¿Por qué MOXIE?

Después de la crisis financiera de 2008, con frecuencia escuchamos a los altos ejecutivos decir que nunca habían visto las cosas tan mal. La confianza en la gestión se desplomó. Una encuesta llevada a cabo por líderes experimentados, conducida por Booz Allen a principios de 2009, mostró que el 46% de los encuestados dudaban que su director ejecutivo tuviese un plan creíble para lidiar con la crisis, y 50% dudaban que su compañía tuviese el liderazgo necesario para ejecutar tal plan. Sin embargo, esta falta de confianza no provenía de los empleados comunes y corrientes, sino de los más experimentados líderes de organizaciones. Algo bastante abrumador.

Al igual que muchas crisis, esta pasó. Con todo, su paso dejó devastación en términos de riqueza, empleo y, francamente, confianza en los líderes. Lentamente, pero con seguridad, la riqueza y los empleos han sido restablecidos –aunque no tanto como esperábamos–, y las tendencias son positivas. A excepción de aquellas referentes al liderazgo. De acuerdo con el *National Leadership Index* (Índice Nacional de Liderazgo) de 2012, compilado por el Centro de Liderazgo de la Harvard Keneddy School, el 69% de los estadounidenses encuestados veía el liderazgo en crisis. Como era de esperarse, la fe en el gobierno y los funcionarios corporativos se ha erosionado con el tiempo. Sin embargo, hay esperanza, pues cuando a los participantes de la encuesta se les preguntó cómo debería resolverse este problema, el 81% respondió: "liderazgo efectivo".

El liderazgo postderrumbe no es en realidad tan distinto del prederrumbe, a excepción de una cosa: la resiliencia. Aquellos que lograron reconstruir sus empresas prósperamente lo hicieron tomando decisiones más rudas, más sabias, y perseverando a través de los tiempos difíciles. En una palabra, estos líderes tienen "MOXIE".

Regresemos al presente. En mi experiencia de *coaching*, tengo el privilegio de trabajar con hombres y mujeres que pertenecen a diferentes niveles dentro de una organización. Con todo, a medida que mi práctica ha evolucionado, he empezado a enfocarme en aquellos en la cima del juego, aquellos que lideran sus organizaciones. Ellos tienen agallas y saben cómo acceder a la gloria, por sus equipos, sus compañías y, por supuesto, por ellos mismos.

Ellos tienen MOXIE, algo que a muchos líderes les vendría bien poner en práctica. Lo defino como una parte de coraje, una parte de perseverancia y una parte de reconocimiento. En *EL LÍDER MOXIE*, exploro la manera en que el concepto se aplica a lo que debe ser un líder, al igual que a lo que deben hacer. En resumen, MOXIE es un acrónimo...

Los líderes, específicamente, deben tener una mente atenta a sus circunstancias, a sus fortalezas y a sus debilidades.

Los líderes deben ser oportunistas en el sentido de la búsqueda de cosas positivas. También deben tener la disposición de triunfar y la recursividad interna para perseverar. Ellos saben que hay algo de riesgo en la mayoría de los desafíos, así que deben estar dispuestos a hacer las cosas de otra manera. Deben ser innovadores.

Y todos los líderes saben que, solo por su cuenta, no pueden lograr mucho. Deben emprender sus tareas en conjunto con otros para así alcanzar objetivos sostenibles para ellos mismos, para sus equipos y sus organizaciones.

MOXIE es un atributo que los líderes exitosos emplean para hacer una diferencia positiva en el mundo en que viven.

Los líderes con MOXIE tienen cuatro atributos clave:

Fuego. Los líderes con MOXIE arden de ganas de hacer que algo pase. Son apasionados por su oficio, ya se trate de construir un negocio o de administrar una pequeña entidad sin ánimo de lucro. Ellos tiene la necesidad de hacer una diferencia positiva en las vidas de los demás.

Empuje. Los líderes con MOXIE tienen ambición. Quieren ir adelante y, por ese motivo, harán sacrificios a corto plazo para tener ganancias a largo plazo. Su ambición no es del todo personal. Desean que otros también participen de su buena fortuna.

Resiliencia. Los líderes con MOXIE saben cómo levantarse después de haber caído. Conocen el fracaso y no les asusta. Este les da la motivación para recuperarse e intentarlo de nuevo, no necesariamente de la misma manera.

Cancheros. Los líderes con MOXIE saben cómo funciona el mundo. Saben cómo leer a las personas, aquellos que están a su favor tanto como aquellos que puedan estar en su contra. Tienen un buen instinto para reconocer lo que mueve a las personas y por eso son bastante efectivos a la hora de hacer negocios.

Hablando francamente, los líderes con MOXIE son aquellos que tienen:

- *Competencia* en su trabajo: con frecuencia son personas a las que uno es remitido.

- *Credibilidad* para reunir a la gente: las personas confían en que ellos harán el trabajo indicado, en el tiempo indicado y con los recursos indicados.

- *Confianza* para creer en sí mismos al igual que en las fortalezas de los demás: en breve, las personas se sienten mejor alrededor de ellos.

Junta estas características y tendrás una persona que se conoce a sí misma y que sabe lo que requiere para ir adelante de todos. Un líder con MOXIE quiere estar a cargo. Ama la responsabilidad que implica establecer el camino que otros han de seguir. Es un ser digno de confianza.

Un líder con MOXIE es alguien confiable. Se puede confiar en que hará lo correcto y en su capacidad para reunir a otros en torno a un propósito común. Con alguien así, se va a la fija, y por eso la gente disfruta de su compañía.

También podemos ver a MOXIE como un medio de entender el mundo a gran escala. Consideremos MOXIE como un acrónimo:

Mente atenta. Las personas con MOXIE saben que las cosas buenas le ocurren a la gente que las busca. Estas personas tienen conciencia de su situación y, más aún, son conscientes de su habilidad para impulsar cambios efectivos.

Definición: un líder con mente atenta conoce la situación, al igual que sus capacidades y las de aquellos que lo rodean.

Oportunidad. Los individuos con MOXIE no esperan que las cosas lleguen a ellos. Buscan nuevas oportunidades. Son exploradores de los novedoso y lo alternativo.

Definición: un líder oportunista busca formas de mejorar las cosas. Lo motiva el deseo de hacer un cambio positivo.

Factor X. Cada uno de nosotros tiene un conjunto único de talentos y habilidades con el cual nos abrimos camino en el mundo. Más que talento, es lo que te hace como eres: tu carácter, tus convicciones, tus creencias personales. Piensa en este conjunto como el factor X: lo que te permite hacer lo que haces y hacerlo bien.

Definición: un líder con el factor X tiene lo que llamamos "lo necesario para liderar". Irradia carácter y utiliza su ambición para enfocarse en los objetivos adecuados. Tiene un espíritu perseverante que transmite conciliación. Los líderes con factor X son humildes, y esa humildad atrae a las demás hacia ellos.

Innovación. Los individuos con MOXIE no están contentos con el *statu quo*. Continuamente están buscando adquirir nuevas cualidades y aplicarlas de maneras novedosas.

Definición: un líder innovador sabe que la vida no se vive de una forma lineal. A veces debes tomar riesgos. Eso implica pensar diferente, hacer las cosas de otra manera y recompensar a otros que también lo hagan.

Emprendimiento. Las personas con MOXIE buscan involucrarse con la comunidad en general. Se concentran en hacer una diferencia positiva en sus equipos y en sus organizaciones.

Definición: un líder emprendedor sabe que puede lograr muy poco por su propia cuenta. Estos líderes juntan los talentos y, más importante aún, el entusiasmo y el espíritu de los demás para obtener resultados que enriquezcan, recompensen y perpetúen su organización.

En este libro leerás entrevistas con directores ejecutivos y líderes de pensamiento cuya experiencia en posiciones de liderazgo les da la autoridad de ilustrar los atributos de MOXIE basándose en su propia experiencia. Estas entrevistas, junto con las historias de los hombres y mujeres perfilados a la cabeza de cada capítulo, presentan un panorama de MOXIE que revela carácter, coraje, determinación y resiliencia, atributos que son tanto instructivos como inspiradores. Mi intención con *EL LÍDER MOXIE* es mostrar en lugar de decir. Quiero que los líderes que he escogido presenten sus ideas y reflexiones en formas que pongan a tu mente a trabajar, estimulen tu espíritu innovador y aporten un fundamento para un continuo crecimiento en el liderazgo.

Aquellos líderes que ponen en práctica MOXIE son aquellos que se preparan para el constante cambio y le dan a los demás un ejemplo a seguir. Por lo tanto, MOXIE se torna en un principio a través del cual los individuos pueden poner en marcha su faceta de líderes para alcanzar un objetivo para sí mismos, para sus equipos y sus organizaciones. En *EL LÍDER MOXIE*, veremos cómo individuos con MOXIE en sus entrañas, triunfan.

Los líderes con MOXIE son aquellos que la gente busca tanto para guiarse como para inspirarse.

¡MOXIE vive!

$$\text{MOXIE} = \frac{\text{Agallas} + \text{Iniciativa} + \text{Determinación}}{\text{Objetivos}}$$

Mente atenta

De la silenciosa reflexión vendrán acciones aún más efectivas.

Peter Drucker

La sabiduría del 'quizás'

A Donald Altman, psicoterapeuta y autor de libros sobre mente atenta, le gusta contar una historia que él llama "la sabiduría del 'quizás'". El relato ha sido contado y vuelto a contar de varias formas, pero he aquí un breve resumen:

Un hombre vuelve a su casa temprano del trabajo y su vecino le pregunta por qué. El hombre le responde que acaba de perder su trabajo. El vecino dice: "Eso es lo peor que te ha podido pasar". El hombre responde: "Quizás".

Algunos días después, el hombre se encuentra con un viejo amigo de la industria bancaria. Cuando el amigo se entera de que el hombre está desempleado, le ofrece un empleo como alto ejecutivo en un excelente contexto. El hombre acepta y al día siguiente llega al trabajo tan temprano, que el equipo de mudanza aún sigue ahí. El hombre les da una mano y, como la suerte lo dispone, se lastima la espalda y debe irse a su casa. Cuando el vecino se entera de lo que ha ocurrido, dice: "Eres el hombre con menos suerte del mundo". A lo que el hombre responde: "Quizás".

Al día siguiente, el banco es robado y los empleados son tomados como rehenes. Por supuesto, el vecino tiene un comentario: "Caray, sí que tienes suerte de haberte lastimado la espalda". "Quizás", responde el hombre.

Con frecuencia, hay eventos que ocurren sin que tengamos ningún control sobre ellos. Lo que podemos controlar es nuestra reacción frente a esos eventos. Como lo explica Altman, "Un pequeño evento no nos define, ni tampoco una adversidad". Con frecuencia, cuando reflexionamos sobre nuestras vidas, de acuerdo con Altman, entendemos que: "La adversidad tiene su lado positivo. Así que podemos adoptar la actitud de 'quizás' en nuestro día a día".

Una mente atenta permite tener la perspectiva para dar un paso atrás y reflexionar sobre la situación. Las cosas pueden ser malas, por supuesto, pero depende del líder buscar la manera de mejorar esas cosas.

Menta atenta. Las personas con una mente atenta saben que las cosas buenas le ocurren a la gente que las busca. Estas personas tienen conciencia de su situación y, más aún, son conscientes de su habilidad para impulsar cambios efectivos.

Nelson Mandela

A Nelson Mandela le gustaba el té.

Con seguridad, disfrutaba de la vivacidad de una tasa en la tarde. O quizá le gustaba el hecho de que fuese un hábito de los ingleses, algo que había aprendido de joven cuando estudiaba derecho en Oxford. Cualquiera que fuera la razón, Mandela empleaba el ritual del té por la tarde como una extensión de su personalidad abierta y calurosa, en especial cuando recibía invitados. El té, que él siempre insistía en servir, también se convirtió en un símbolo de control.

EN LAS VEINTE COMPAÑÍAS MÁS IMPORTANTES EN LIDERAZGO, LOS ENCUESTADOS DICEN QUE:

84%	74%	72%
LOS LÍDERES SON CULTURALMENTE INTELIGENTES Y TIENEN HABILIDADES PARA TRABAJAR DE MANERA EFECTIVA CON DIVERSOS EQUIPOS	LOS LÍDERES VETERANOS INVIERTEN TIEMPO EN DESARROLLAR, PERSONALMENTE, A OTROS	CONCIBEN EL FRACASO (DESPUÉS DE UN BUEN ESFUERZO) COMO UNA OPORTUNIDAD DE APRENDIZAJE, NO COMO ALGO VERGONZOSO

FUENTE: *BEST COMPANIES FOR LEADERSHIP, HAY GROUP.*[1]

Luego de muchos años en la cárcel, cuando se hizo evidente que sería liberado, el gobierno sudafricano decidió que debía aprender a lidiar con Mandela como una fuerza política que quizá algún día llegaría a gobernar el país. Por esa razón, las autoridades le dieron su propia casa en terrenos de una prisión continental y, por eso, cuando los oficiales del gobierno necesitaban hablar con él, Mandela los recibía como anfitrión. Aunque era un prisionero, él era el amo de su casa. Él era el señor de la casa al igual que el designado para servir el té. De esta manera, lentamente pero sin timidez, Mandela se impuso como un hombre con quien era indispensable contar. Los líderes mundiales vienen y van, pero muy pocos han acaparado la atención como lo hizo Mandela. Nacido en la realeza, asumió deberes de mando. Buscando una mayor influencia, pronto chocó en el sistema vicioso y opresivo del *apartheid*, diseñado para mantener a los negros africanos, la inmensa mayoría, en un estado de sometimiento.

Como cabeza del Congreso Nacional Africano, en 1961, Mandela fue llevado a juicio acusado de terrorismo y sentenciado a cinco años en prisión. Fue enviado a Robben Island, un remoto pedazo de roca en el Océano Índico, a cuatro millas de la costa de Ciudad del Cabo. Luego, cuando sus papeles fueron hallados en una casa de campo lejana, Mandela, aún en prisión, fue juzgado por traición y sentenciado a muerte. Su pena capital fue luego conmutada, pero continuaron las dificultades. Día tras día golpeó rocas bajo el sol ardiente, durante muchos años. Fue la mente atenta, además de la cohesión de sus compañeros en la isla, lo que le permitió a él y a sus compañeros prosperar.

Mientras que ese trato habría derrumbado a un hombre menor, este solo potenció la convicción de Mandela. Por el lado positivo, estaba rodeado de sus hermanos, compañeros de la ANC. En materia de tiempo, era visto como un héroe del movimiento libertario en Sudáfrica, que adquirió mucha fuerza durante los años en que él estuvo encarcelado.

Durante ese tiempo, Mandela veía hacia adelante, y así aprendió a hablar afrikáans, la lengua de sus carceleros, al igual que cultura afrikáner. Llegó a entender que, distinto de los ingleses, que quizá volverían a emigrar a Bretaña o a otra nación próspera como Canadá o Australia si los negros llegaran al poder, los afrikáneres, descendientes de campesinos holandeses que emigraron a Sudáfrica en el siglo diecisiete, estaban en casa. Se referían a sí mismos como la "tribu blanca de África" y no se iban a ir a ningún lugar.

Luego de que Mandela fuera liberado a la aclamación y adulación mundial en 1993, empezó a recorrer el mundo. Cuando se decretó que habría elecciones libres y justas, se lanzó a la presidencia y ganó. Esto llenó de emoción los corazones de sus hermanos africanos, pero aterrorizó a los blancos. Mandela, siendo un hombre sabio con gran capacidad de entendimiento humano que hacía a otros parecer pequeños, entendió que debía unir a la nación. Su método fue el rugby. Sudáfrica, vetada durante un largo tiempo de las competencias deportivas internacionales, fue designada como país anfitrión de la Copa Mundial de Rugby de 1995. Esto fue un gran problema para la población afrikána, pero no tanto para los hermanos africanos. Mandela comprendió que esta era su oportunidad de hacer una declaración a los afrikáneres, a quienes necesitaba como socios en el gobierno y socios de la Nación.

Como es relatado en el libro *El factor humano* (y luego adaptado en la película *Invictus*), Mandela se aseguró de que la tradición afrikáner del rugby continuara. El emblema Springbrok, un símbolo de opresión para los africanos, fue conservado como el símbolo del equipo. El equipo entero estaba compuesto solo por hombres de raza blanca, a excepción de un solo hombre de raza mixta. Mandela adquirió un interés personal en el equipo, en particular en su capitán, François Pienaar, y por medio del él fue llenando a su equipo con un sentimiento de jugar por su país, blancos y negros. Los Springboks eran considerados menores, pero con un sentido de destino que erradicó ese malestar de la época y garantizó, aunque solo fuera por un momento, que hubiera una sola y unida Sudáfrica. Solo alguien con la determinación de Mandela habría podido guiar a una nación con un gobierno tan virulentamente racista a través de una transición pacífica que facilitó la reconciliación y permitió la supervivencia del país.

El mito envuelve a Mandela y, por un lado, es glorioso y adecuado. Muy pocos hombres han debido enfrentar tal opresión y salir con tan pocas heridas, al menos en un sentido moral. Él fue amable, compasivo y generoso, pero también fue recio en su deber. Sufrió pérdidas en su familia y eventualmente en sus matrimonios, pero se mantuvo fiel a su causa.[2]

*****

Mandela es un buen ejemplo de lo que significa tener una mente atenta: estar alerta frente a tu situación pero, al mismo tiempo, estar enfocado en lo que puedes hacer para mejorarla. Muchas personas advirtieron la necesidad de un cambio en Sudáfrica, pero solamente unos pocos activistas estaban dispuestos a tomar los riesgos que se requerían para luchar esta difícil batalla. Afortunadamente, para la mayoría de nosotros no es tanto lo que está juego. Y, sin embargo, podemos aprender mucho del ejemplo de Mandela, aún hoy relevante para nosotros.

Una de las cosas que me gusta hacer cuando comienzo un emprendimiento de *coaching* es hacerle a mi nuevo cliente esta pregunta: ¿Qué te impulsa a levantarte todas las mañanas? Si veo que en sus ojos se dibuja el atisbo de una sonrisa, sé que me he encontrado con algo poderoso: eso que él disfruta hacer. Las respuestas varían tanto como los ejecutivos. A algunos les emociona enfrentar nuevos retos, a otros la resolución de problemas, a otros les fascina la emoción de competir, y a otros les gusta trabajar con sus equipos para alcanzar los objetivos propuestos. Las respuestas a esta pregunta abren la puerta a un mayor entendimiento. Cuando un ejecutivo dice que le gusta ver aquello que su equipo está logrando, sé que estoy lidiando con un individuo que hace énfasis en lo correcto: el trabajo en equipo. Por otro lado, cuando el individuo me dice que le gusta trabajar en proyectos y así contribuir, sé que trabaja más de forma individual.

La respuesta difícil o, más precisamente, antirespuesta, viene del individuo que muestra poco interés en el trabajo. Su actitud puede ser un síntoma de agotamiento o una indicación de que no encuentra su trabajo lo suficientemente interesante. En cualquier caso, esta persona está atravesando por dificultades. Le pasa a los mejores de nosotros. Las situaciones en el trabajo pueden cambiar, puede que lo que alguna vez nos gustó tanto hacer ya no sea posible o que ya no tengamos la motivación para seguirlo haciendo durante mucho tiempo.

Mi consejo es hallar algo más acerca el trabajo que amas hacer. O quizá buscar otras cosas que te guste hacer fuera del trabajo. Dedica más tiempo a tus pasiones. Cuando vengan momentos de desilusión, y muchos de los más importantes emprendedores tienen momentos en los cuales los obstáculos parecen inmensos, necesitarás de esa pasión para poder sobrellevarlos.

Autoconsciencia

Conocer las cosas que te entusiasman se reduce a tener autoconsciencia. La capacidad de conocerse a sí mismo es esencial para convertirse en un líder. La autoconsciencia es la habilidad de entenderte, al igual que entender la manera en que los demás te perciben. Con mucha frecuencia, pasamos por alto la importancia que tiene la autoconsciencia en la construcción de un liderazgo sólido.

De acuerdo con una encuesta hecha a 17.000 empleados en el 2012, realizada por el *Hay Group*, solo el 19% de los ejecutivos poseían cierto grado de autoconciencia. Como fue puesto por Ruth Malloy, vicepresidente del *Hay Group*, en una entrevista: "Si piensas en la mayoría de las personas inmersas en sus vidas diarias, puedes ver que tendemos a ir por ahí en piloto automático. Con frecuencia no tenemos una meta que tenga en cuenta nuestro impacto en los demás o cómo y cuándo gastamos nuestro tiempo. Con mucha facilidad, podemos vernos envueltos en las distracciones del trabajo y del día a día".[3] Como resultado, perdemos contacto con nosotros mismos. La manera en que construimos autoconciencia dice mucho del éxito que tendremos siendo líderes. El primer paso es reconocer que hay mucho trabajo por hacer. Con frecuencia, esto viene de la retroalimentación que recibimos de una fuente confiable, ya sea un jefe o un colega. Tomar en cuenta dicha retroalimentación para llevar a cabo cambios positivos es algo esencial. Malloy me dijo: "Desarrollar autoconciencia requiere de reflexión". Esto corrobora los consejos que he recibido de otros ejecutivos: que tú, como líder, debes abrirle espacio a la reflexión dentro de tu agenda. Puede tratarse de un tiempo a solas o un tiempo compartido con colegas. El punto es hallar una oportunidad para adquirir perspectiva de tu situación y así pensar en lo siguiente que debes hacer. O, como lo dijo Malloy, pensar "cómo podrías reaccionar de otra manera en un futuro próximo".[4]

No es inusual, por ejemplo, que un líder tenga un número de empleados a los cuales les gustaba más la manera en que la compañía hacía las cosas antes y a quienes su pasión les atemoriza. Si no estás al tanto de lo que los demás piensan de ti o de la situación, entonces puede ser difícil conectarse con ellos. El liderazgo requiere persuasión y solo puede darse si las partes se entienden entre sí. Desarrollamos autoconciencia cuando nos tomamos el tiempo de aprender de los demás, al igual que al escuchar lo que los demás nos dicen. Los líderes autoconscientes saben lo que ocurre a su alrededor. Ellos viven en el presente, pero son conscientes del futuro. Saben que sus acciones tienen consecuencias y, por eso, están atentos a su manera de comportarse con los demás.

El hecho de que tantos ejecutivos carezcan de autoconciencia resuena con mi trabajo de *coaching*.[5] Me gusta decir que los ejecutivos están tan ocupados concentrándose en los demás que con frecuencia se olvidan de sí mismos, en especial de los efectos que sus acciones tienen en otros. Esto no siempre es algo malo. Un ejecutivo que está dando buen ejemplo en términos de sus comunicaciones puede no ser consciente de qué tan bien se está conectando con los demás. En contraste, un administrador que es ineficiente en su habilidad de delegar trabajo quizá no se dé cuenta del micro-administrador en que se ha convertido. La autoconciencia está alimentada por la mente atenta, la habilidad de pensar y actuar en el momento. La mente atenta es un estado del ser y requiere atención al aquí y al ahora, al igual que a lo que le ocurre a los demás.

Autoconocimiento

Los buenos líderes desarrollan autoconocimiento cuando se entrenan deliberadamente. Se puede empezar con la paciencia. Para muchos líderes que son impulsados a actuar por su motor interno, el concepto de paciencia puede resultar extraño. Tal vez lo perciban como pasividad. Hoy en día, la paciencia es un proceso activo. Ya que no podemos controlar la situación, podemos controlar nuestra manera de reaccionar frente a ella.

La mente atenta, como lo describe el psicoterapeuta y autor Donald Altman, nos permite "hallar un estado de ecuanimidad". Como dice Altman: "La mente es un velcro para la negatividad, por lo cual puede inclinarse emocionalmente de una manera que no nos permita ser efectivos".[6] Tener la mente atenta nos permite verificar nuestras emociones y así discernir las cosas con una perspectiva más clara. Así pues, la mente atenta nos permite escuchar, emprender y conectarnos con otros de una manera más honesta y abierta.

"Lo interesante es que tener la mente atenta cambia nuestra experiencia de lo que sea que esté ocurriendo", dice Altman. Podemos albergar pensamientos o sentimientos negativos, pero al poner en práctica una mente atenta, la experiencia cambia. Vemos las cosas en perspectiva y, por lo tanto, como lo dice Altman, podemos observar. "La emoción se convierte en objeto de nuestra atención", no en el sujeto de esta. Este distanciamiento nos permite separar los pensamientos negativos de los individuos, y así permanecer más concentrados y atentos. "Lo que estamos haciendo es calmarnos y observar las cosas de una forma neutral, sin prejuicios", dice Altman. "Es un gran viraje en la perspectiva". "La mente atenta te permite ver las cosas de una manera fresca", dice. "Piensa en tu niñez, cuando tenías la curiosidad tan joven, en esa primera vez en que quizá viste esa flor o la primera vez en que presenciaste algo en la naturaleza y te sentiste tan maravillado, ¿recuerdas? Así creo que ocurre con la mente atenta: empezamos a ver las cosas de una manera fresca y juvenil. Me gusta decir que existe el *déjà vu*, haber estado ahí antes. La mente atenta es más un *vuja de*, no haber estado ahí nunca antes".

Por ejemplo, entras a supermercado y en cada caja hay una fila de cinco personas, cada una con una canasta atiborrada de productos. Te vas hacia la caja rápida, pero la fila es más larga. No puedes controlar a la multitud, pero sí tu forma de reaccionar. Para ser honesto, cuando veo filas así, se me antoja salir de ahí y hacer mis compras en otro lugar, pero eso, en realidad, podría tomarme incluso más tiempo. Así que he aprendido, con mucho esfuerzo, a hacer la fila y esperar. Mi secreto es sonreír, aunque por dentro esté ardiendo de irritación. Conversaré con otros clientes y, cuando llegue al cajero finalmente, no diré nada malo —aunque esté tentado—, sacaré lo bueno de la situación y hablaré de lo mucho que disfruté estar en la fila.

Tonto, sí, pero soy el que mantiene la compostura. Ejercito mi paciencia para no hacer algo estúpido como gritarle al cajero, que no tiene la culpa de las largas filas. Tampoco trae ningún bien gritarle al supervisor y sugerirle que implemente un mejor sistema de circulación en las cajas. Eso te hace quedar como un tonto.

La paciencia, como nos lo enseñaron nuestras madres, es una virtud. En lo que se refiere a mente atenta, la paciencia es aquello que abre las puertas y nos ayuda a advertir las cosas que hay a nuestro alrededor. Emplear la paciencia en el lugar de trabajo significa sacar tiempo para los empleados y siempre tener la puerta abierta al diálogo. Comportarse así envía un mensaje de interés por sus contribuciones.

Tener la mente atenta también implica tomarse el tiempo de reflexionar sobre las cosas que observas y escuchas. No hay nada de bueno en escuchar y no actuar. Es decir, cuando escuchas que algo está saliendo mal, como gerente debes hallar una solución o, mejor aún, delegarle a alguien más la tarea de conseguir los recursos para resolver el problema del equipo.

Tener una mente atenta requiere práctica. Considéralo, dice Altman, "como un estado de alerta del cuerpo... y de la mente". El proceso es "experimental". Puedes practicarlo a través de observación disciplinada, pero también por medio de acciones físicas. El control de la respiración es algo clave. Al concentrarse en la respiración, algo tomado del yoga, un individuo puede disminuir el peso del mundo exterior y concentrarse más en el interior.

"La mente atenta es una práctica: es un talento como cualquier otro", dice Altman. "Y eventualmente empiezas a trabajar en él y así construyes la habilidad para hacerlo con más y más frecuencia. A medida que eso ocurre, se torna en una suerte de metaconsciencia. Se trata de una consciencia del cuerpo y de la mente. Es un tipo distinto de consciencia, lo cual comienzas a advertir de primera mano. Es algo en su mayoría vivencial. Resulta muy distinto hablar de ello que experimentarlo, son dos cosas bien distintas. Puedes hablar de lo que se siente batear una bola de *baseball* y de lo que es necesario para sacarla del estadio. Pero es algo muy diferente pararse en el sitio del bateador y ver la bola venir hacia ti a noventa o noventa y cinco millas por hora, y aprender a batear. Ese es el talento".

Altman dice que la mente atenta es un proceso intencional que enriquece la manera en que interactuamos con los demás. "Tener la mente atenta te brinda una experiencia más profunda de lo que es estar vivo. [Nos] da un sentimiento más profundo de la vida. La mente atenta también nos permite crear relaciones humanas más amorosas, saludables y sostenibles".

Conciencia de enfoque exterior

Jim Kouzes, un prominente investigador de liderazgo y educador de ejecutivos, cree que los individuos autoconscientes están verdaderamente atentos a lo que está ocurriendo a su alrededor. En talleres que Kouzes dirige frecuentemente, él suele impulsar a sus participantes para que realicen ejercicios de construcción de autoconocimiento en los cuales se trabaja en grupos de dos o tres personas. A medida que interactúan entre ellos, Kouzes "les pide a las personas que piensen en sí mismas, preguntándoles inicialmente: ¿cómo se están sintiendo en este momento? ¿Cómo están reaccionando sus cuerpos? ¿Están tensos sus estómagos? ¿Están nerviosos?". Luego, Kouzes le da un giro al punto de vista cuando les pregunta: "¿Están concentrados en la otra persona (de su grupo)? ¿Están distraídos, mirando hacia otro lado?". El ejercicio es simple, pero cuando se lleva a cabo varias veces, los participantes gradualmente empiezan a encontrar más y más cosas en la otra persona (o personas) del grupo.

Kouzes dice que inicialmente los participantes se sienten incómodos, pues este tipo de observación enfocada es distinta de aquella empleada en su rutina. Sin embargo, "luego de unos minutos, [la observación] se vuelve relativamente fácil para las personas". El punto es que podemos entrenarnos para tener una mente atenta a nuestros propios pensamientos y sentimientos, y a los de los demás. Estar atento a las situaciones a nuestro alrededor es esencial para desarrollar la habilidad de conectarse con otros.

No es fácil. Como lo anota Rich Sheridan, cofundador y director ejecutivo de Menlo Innovations, una firma de software con base en Ann Arbor: "Como líder, eres atraído hacia dos corrientes a la vez, simultáneamente. Ese es el reto de ser un líder. Por un lado está el aspecto del liderazgo que requiere de la habilidad de ver un mejor futuro que el de hoy en día, para lo cual se debe alzar la cabeza y ver lo más lejos que puedas". "Pero eso solo te lleva a mitad de camino, pues la otra parte es, ¿qué está pasando hoy?", dice Sheridan. "¿Qué está pasando ahora mismo?". "Si levanto mi cabeza y solo veo cinco millas más allá para saber qué es lo que hay adelante, es muy probable que me estrelle. Puedo tropezar con algo que está justo en frente de mí, lastimarme un pie, caerme, rasparme la rodilla, o puede que deba reducir la velocidad, pues no estoy prestando atención a lo que está ocurriendo hoy, ahora mismo".

Mark Goulston, MD, psiquiatra y *coach* ejecutivo, lleva esa observación a otro nivel. "Notar algo es distinto que mirar. Observar [algo] es estar completamente presente y consciente de lo que sea que se está notando. Es lo que yo llamo "'mente atenta interpersonal'". Eso es algo que Chester Elton, un autor *best seller* a quien se le ha apodado "el apóstol de la apreciación", avalaría. Como dice Elton: "Siempre he apreciado a los líderes que no son descuidados en sus relaciones humanas. Y a lo que me refiero con esto, y volvemos al concepto de mente atenta, es que siempre me molestó cuando los altos ejecutivos cancelaban sus citas conmigo, empezaban tarde o llegaban tarde, despreciando mi tiempo. No se ponían en contacto con las personas que los necesitaban. No cumplían con sus citas. Y, por supuesto, entre más alto apuntas dirás que quizá es porque se trata del presidente, del director ejecutivo, y debe tener mil cosas por hacer. Sí, pero cuando un líder es tan descuidado con mi tiempo, el mensaje que me está enviando sobre el valor que para él tengo es claro. Así, entendí que, en particular, esa era una razón muy frecuente por la cual la gente se iba".

Un líder es el rostro público de su equipo u organización. Como tal, el líder siempre está en tarima, de manera que sus acciones tienen consecuencias. Elton dice: "Los grandes líderes deben ser conscientes de que sus decisiones tienen un efecto dominó, y que incluso un comentario casual puede desencadenar un gran sacudón dentro de sus organización".

Motivar a otros, dice Elton, se trata de estar atento a sus pensamientos y sentimientos. "Motivar a otros se trata de preguntar. '¿Qué es lo más importante para ti?'. Luego utiliza [dicha información] para asegurarte de que eso ocurra. Por ejemplo, para algunas personas su motivación más grande es la familia. Entonces, cualquier cosa que puedas hacer... para dejarlos llegar a casa más temprano o permitirles llevar a su esposa en un viaje de trabajo, funciona bastante bien. Otras personas simplemente son ridículamente ambiciosas, de manera que nunca hay demasiado trabajo o cosas que pedirles que sean suficientes para que se hagan notar". Sheridan proporciona un buen ejemplo de lo que es tener una mente atenta al aquí y ahora, y lo que esto significa para las personas y la organización. Por ejemplo, como indica Sheridan, una vez encontró platos sucios en el lavadero de la oficina. ¿Por qué yo presto atención a eso? Porque para mí es un indicio de un equipo cuyos integrantes no se respetan el uno al otro, al dejar ahí los platos sucios para que alguien más los lave. Como líder, debo estar atento a esas pequeñas cosas también, pues esas serán las que te desgastarán con el tiempo".

Sheridan se refiere a lo que llamamos consciencia de la situación.

Consciencia de la situación

Otra forma de tener una mente atenta es estar consciente de la situación. Esto es, saber dónde estás y qué necesitas hacer. Aquellos que practican un deporte generalmente son muy buenos con la consciencia de la situación. Saben dónde está su oponente y qué acciones llevar a cabo para hacer su jugada. En juegos como hockey, fútbol y baloncesto, los jugadores cambian con frecuencia de ofensiva a defensiva y viceversa, dependiendo de quién tiene el balón. La diferencia entre la ofensiva y la defensiva es más marcada en el béisbol y el fútbol, pero una vez que el juego inicia, los roles asignados pueden cambiar en un dos por tres.

Quizá el juego que provee la más clara versión de la consciencia de la situación es el golf. Los golfistas juegan con base en los golpes que ellos mismos hacen. En cada golpe, el jugador debe tener en cuenta el ángulo en que la bola quedará (la posición), la profundidad del césped (liso o áspero) y el terreno (trampas de arena, cunetas o árboles). Dependiendo de las condiciones, incluyendo la medición de la dirección del viento, el jugador debe escoger su mejor palo para la situación: un *drive* para salir, un hierro largo para tiros de gran distancia o un hierro corto para tiros de corta distancia. Pero, todavía más importante, el golfista debe conocer sus habilidades; es decir, debe saber qué palo es mejor utilizar de acuerdo con su posición y su capacidad. La consciencia de la situación y la autoconsciencia son fundamentales en un buen juego.

La consciencia de la situación es de suma importancia en el manejo de diferentes circunstancias. Por ejemplo, los gerentes deben preguntarse a sí mismos qué es lo que está o no está pasando en sus departamentos. Un gerente debe saber qué recursos puede compartir con su equipo y, más importante, debe evaluar las habilidades y talentos de este.

El espectro de recursos disponibles –tanto los recursos de la compañía como las fortalezas y debilidades del grupo– forma el telón de fondo para la consciencia de la situación con relación a los cambios y obstáculos que el equipo debe enfrentar. Digamos que se trata de un equipo de recursos humanos al cual se le ha adjudicado la tarea de desarrollar un nuevo programa de reclutamiento. Utilizando el popular método SWOT (DAFO en español), los gerentes toman en cuenta las fortalezas de la compañía al igual que sus debilidades, incluyendo oportunidades de crecimiento y riesgos internos y externos.

De este análisis emerge el conocimiento que el gerente necesita para asignar la gente adecuada a los trabajos adecuados, y así desarrollar un programa que apunte a candidatos que llenen las necesidades de la compañía en ese momento y, quizá más importante, en el futuro.

Entender la situación viene de hacer las preguntas correctas. Como director ejecutivo de *Campbell Soup*, Doug Conant y su equipo se enfocaron en "escuchar antes de liderar". Hacer eso no es tan fácil como suena. En el mundo de los negocios, como lo explica Conant, los ejecutivos son llevados a tomar decisiones sin sentido de conveniencia por medio de "juicios rápidos". El reto, dice, es tomar las cosas con calma y dejar que la situación se tranquilice un poco. Conant es seguidor del mantra de Stephen Covey: "Busca primero entender y luego ser entendido". Conocer la situación se vuelve entonces fundamental para desarrollar una fuerte consciencia de la situación.

Estado de mente atenta

Un buen ejemplo de consciencia de la situación a nivel macro puede ser Jerry Brown, Gobernador del Estado de California en el momento en que escribo estas líneas. En las décadas de 1970 y 1980, Brown era apodado el *Gobernador rayo de luna* debido a sus grandes ideas y quizá también por su falta de destreza organizativa a la hora de ponerlas en práctica. Siendo un hombre atractivo, salía con importantes celebridades como Linda Ronstadt y Natalie Wood. Sin embargo, a mediados de la década de los 80, la carrera política de Brown parecía haberse acabado, y él era visto como una ocurrencia tardía.

Ahora, con más de setenta años, Brown está llevando a cabo su segundo período como gobernador (en su tercer mandato) y la revista *Bloomberg Businessweek* se refirió a él en una de sus portadas del 2013 como "el verdadero *Terminator*". El título se refiere al éxito de Brown reduciendo la deuda de California y restaurando su integridad fiscal (su predecesor, Arnold Schwarzenegger, no fue capaz de alcanzar esos resultados). La maestría fiscal de Brown, como fue descrita por Joel Stein en dicha revista, consiste en demostrar el problema al electorado y luego dramatizar el efecto que tiene la falta de acción a este respecto.[7] Entre más lo piensas, más sorprendente resulta: Brown, un hombre reconocido por sus posiciones políticas liberales y que pudo haber contentado a muchos con paños de agua tibia, tomó las riendas cuando consideró que nadie más lo podía hacer.

El plan de rescate de Brown nació a partir de la crisis. Cuando se posesionó en 2011, el estado tenía una deuda de veintisiete millones de dólares y el peor *rating* de crédito de todos los cincuenta estados de acuerdo con la agencia de calificación de riesgo *Standard & Poor's*. El desempleo era de 12,4%. California pasaba por un mal momento. Brown aprovechó esta plataforma flamante de riesgo para buscar soluciones que evitaran la catástrofe.[8]

El actor Warren Beatty, su viejo amigo, dijo: "desde que ha sido el director ejecutivo [de California] dos veces, ha adquirido un gran nivel de sabiduría sobre las fuerzas conflictivas, algo que muy pocas personas han logrado alcanzar". Tal consciencia proviene del profundo intelecto de Brown (ingresó a un seminario Jesuita, aunque no se ordenó, y ha estudiado budismo) y su compromiso con hacer las cosas que se necesitan ahora mismo. Brown hizo grandes recortes a programas sociales que se oponían a los liberales, pero también decretó una breve alza en los impuestos, lo cual irritó a los conservadores.[9]

En 2013, el desempleo bajó al 9,4% y el Estado registró un superávit de $850 millones dólares. California todavía se enfrenta a un enorme pasivo pensional de más de $77 mil millones de dólares para empleados estatales, de manera que hay mucho trabajo por hacer. Con todo, el septuagenario Brown ve su rol como el de aquel que abre un camino hacia el futuro haciendo las cosas de forma distinta. O, como él mismo lo dice: "Debe haber drama... estamos en el escenario de la historia".[10]

Con la misma nobleza con que Brown asume su papel, se remite a su bisabuelo, August Schuckman, que emigró a California en la década de 1850. Una piedra de la propiedad que Brown heredó yace en la mesa de centro de su oficina modestamente adornada. Él dice: "Cuando él [Shuckman] llegó aquí, metió sus manos en el barro y reunió a algunas personas para que trabajaran para él". Ese es el enfoque que Brown aplica en California, uno que se centra más en la gente que en el Estado.[11] Tal practicidad fortalece la propuesta de gobierno de Brown.

Como Mandela, Brown es un alma alerta. En nuestra exploración de la mente atenta, podemos ver cómo estos líderes utilizan dicha mente a su favor para que las personas abran sus ojos frente a un problema y encuentren maneras de realizar acciones positivas.

La consciencia de la situación es esencial en el liderazgo, pues enfoca la atención de los líderes en aquello que está ocurriendo. Más específicamente, enfoca la atención en lo que está pasando con su equipo. En mi carrera, he visto a líderes salirse de su camino para seguir en contacto con su gente, ya estén al otro lado del pasillo o al otro lado del océano. Saben que es esencial escuchar y ver la manera en que los demás perciben los problemas, así como observar la forma en que procesan el flujo de trabajo, enfrentan desafíos y alcanzan el éxito.

"Ningún plan sobrevive al primer contacto con el enemigo", escribió el general prusiano Melmuth von Moltke. Ecos de este pensamiento han sido expresados de diversas maneras, pues allí se encierra el desafío que enfrentan los líderes cuando actúan de acuerdo con sus ideas o sus estrategias. "Trabajarle al plan" es más que seguir instrucciones, implica observar lo que ocurre, escuchar lo que dicen las personas y luego, con base en eso, hacer un cambio si en realidad es necesario. Un líder con mente atenta se ubicará en una posición en la cual puede ver lo que ocurre y escuchar lo que los demás dicen.

Liderazgo de mente atenta

Durante la película *Lincoln* de Steven Spielberg, en la primera escena, aparece el Presidente Lincoln (interpretado por Daniel Day-Lewis) en un campo de batalla lluvioso, escuchando lo que dicen unos soldados de raza negra. Así esta escena haya ocurrido o no en realidad, era típico de Lincoln, un hombre humilde, el reunirse con soldados y gente del común (como lo era él) a escuchar sus historias e inferir, por medio de sus palabras, lo que pensaban sobre la guerra o los problemas actuales.[12]

Ryan Lane, director ejecutivo de *ConocoPhillips*, la compañía independiente de exploración y producción más grande del mundo, es reconocido por el tiempo que pasa con sus empleados. A través de su carrera, empezando en la secundaria como obrero raso y tipo rudo en las plataformas petrolíferas, Lance ha empleado la interacción con sus empleados para aprender el negocio del gas y el petróleo en cada nivel. Hoy en día, como director ejecutivo, visita con frecuencia instalaciones alrededor del mundo, desde la Ladera Norte de

Alaska hasta los yacimientos de gas de Australia cerca de Brisbane. Él considera estas visitas como un tipo de liderazgo de mente atenta. "Es una manera de apersonarse verdaderamente de la situación antes de actuar o tomar alguna decisión".

Adicionalmente, los líderes con mente atenta comparten su presencia. Es decir, le dejan saber a la gente quiénes son y qué representan. "Creo que la mayoría de las personas buscan líderes que no reaccionen exageradamente ni sean impulsivos", dice Lance. "Si quieres mantenerte en contacto con el pulso de la empresa, debes saber qué es lo que en realidad está ocurriendo. Debes escuchar lo que las personas te dicen, pero también debes saber qué está pasando detrás de cámaras. Creo que los buenos líderes tiene ese sentido de calma, o lo que yo llamo confianza silenciosa, y muchas personas buscan esto en un líder. Así las cosas, la mente atenta es un rasgo de esta confianza silenciosa".

Para un ejecutivo ocupado, desarrollar una mente atenta requiere de práctica y adherencia a los principios. Como dice Lance: "Siempre va a estar la presión de desviarte de tus intenciones estratégicas. Debes estar atento a los elementos de la presente situación que te puedan distraer de la visión estratégica de objetivos que tengas en mente, y en realidad debes proveer un sentido de consistencia a tu organización. Ellos deben ver que aún estás liderando con relación a tus objetivos estratégicos, incluso cuando reacciones a los cambios del día a día en el ambiente laboral".

Futuro con mente atenta

El psiquiatra y *coach* ejecutivo Mark Goulston hace referencia a una famosa cita del psicoanalista Wilfred

Bion, que dijo: "Estar presente es escuchar sin memoria o deseo". Lo que Bion quería decir, como lo explica Goulston, "es que, cuando escuchas con memoria, tienes una vieja agenda personal e intentas conectar gente en ella. Cuando escuchas con deseo, tienes una nueva agenda personal a la cual quieres conectar gente, pero en realidad no estás en contacto con ellos".

Los líderes con mente atenta no tienen agendas, de acuerdo con Goulston. Se enfocan a sí mismos y a sus mensajes en una visión y una misión para la organización, la cual es tan convincente y atractiva que involucra a la gente de forma espontánea y los motiva a trabajar para eso. Hacia el fin, Goulston favorece lo que él llama "misión a la Luna". Tomando prestado el llamado a la acción del Presidente John F. Kennedy, Goulston dice: "Una misión a la Luna tiene cuatro componentes. El primero es que debe haber una fecha... como dijo Kennedy, antes de que acabe la década. Segundo, debe tratarse de algo que la gente pueda visualizar. Vamos a llevarlos a la Luna y traerlos de vuelta. Tercero, debe ser una gran idea. Y cuarto, debe ser algo imposible ahora mismo".

Poder para perseverar

La mente atenta moldea el carácter de un líder. Y, al recibir el llamado, los líderes ponen su carácter en acción. Un ejemplo sorprendente de tal carácter es la historia de Judith Tebbutt, una trabajadora social británica de la salud mental que fue capturada por piratas somalíes en septiembre de 2011 mientras vacacionaba en Kenya. Su esposo fue asesinado, pero Tebbutt fue utilizada como moneda de cambio para el rescate.

Su memoria de la experiencia, *El largo camino a casa*, detalla la manera en que se mantuvo física y mentalmente activa durante los seis meses en que estuvo capturada. En una entrevista con Dan Damon de *BBC World Service*, dio detalles de la manera en que perseveró. Tebbutt dice que escribió *El largo camino a casa* para inspirar a otros rehenes: "No dejes que te abandone la esperanza, no has sido olvidado". Sin embargo, las lecciones que allí comparte aplican para cualquiera que busque aferrarse a sus valores y convicciones cuando hay pocas posibilidades.[13]

Tebbutt se consideró apta. Así que, cuando fue puesta por primera vez en lo que llamó "la gran casa", donde la mantuvieron cautiva, se paseaba por las dimensiones de su cuarto y caminaba en horarios predeterminados, cada media hora durante el día. También hacía *pilates*, para consternación de sus captores.

Tebbutt también se concentró en su mente. Con regularidad se sentaba en la cama y se imaginaba manejando por el campo, en Cumbria, el lugar de Inglaterra donde nació. Se le dio un radio pequeño, en el cual escuchaba *BBC World Service*. "Me sentaba en un sitio muy oscuro a escucharte a ti", le dijo al reportero Dan Damon. "No tienes idea de lo que eso significó para mí".

Parte de su estrategia era aprender la lengua somalí para poder comunicarse: "Aunque detestaba a esta gente, sabía que si iba a estar en su compañía durante un tiempo indefinido, necesitaba tratar de construir algún tipo de relación con ellos". También les sonreía. Sus guardias intentaban hacerla vestir un vestido Somalí entero, y cuando lo hizo por primera vez, la elogiaron llamándola "hermosa mujer somalí". Tebbutt se rebeló y no dio su brazo a torcer, implementando solamente el *hijab*, "Me sentía asfixiada en con todas esas túnicas", dijo.

La identidad es clave para la autopreservación. Tebbutt advierte que no debes: "perder tu identidad. No importa lo cruel que sean contigo, no importa cuánto te degraden, siempre debes recordar quién eres. Yo seguía siendo Jude". Durante su cautiverio, Tebbutt continuaba viendo adelante. "Quería salir de ahí como Jude. Quería hallar de nuevo una vida para Jude". Aunque perdió a su marido de manera trágica y fue privada de su libertad, a Tebbutt no la devora la sed de venganza. "No quiero que mis captores tengan ese poder sobre mí". Así que piensa en ellos en sus propios términos, cuando lo desea y no porque deba.

La experiencia que Tebbutt debió vivir es un ejemplo extremo, pero las lecciones aprendidas en términos de mente atenta nos recuerdan que podemos, cuando nos lo proponemos, mantener nuestras mentes activas, incluso en situaciones tan adversas. Es importante tener en cuenta esta lección, pues los líderes deben enfrentar situaciones difíciles todos los días. Aunque muchas de estas situaciones no representan una amenaza física, pueden ser bastante sobrecogedoras. El reto es conservar la agudeza mental como lo hizo Tebbutt, ver la situación en perspectiva. Esta fue una estrategia que le permitió salir adelante y que puede ayudar a los líderes a adaptarse.

El desarrollo de una mente atenta es una aproximación al liderazgo en la cual el líder no solo está enfocado en el momento, sino también en las personas que lo rodean y que, por lo tanto, tendrán un efecto en el futuro de la organización. Los líderes con mente atenta son conscientes y su emprendimiento es un ejemplo a seguir.

Intenciones de mente atenta

La consciencia de la situación, como lo vimos en el caso de Lincoln, se trata de involucrarse con los demás. Pero, se necesita mucho más que eso. Se requiere de la habilidad de involucrarse con uno mismo. De nuevo, Lincoln es un buen ejemplo de un hombre conectado consigo mismo. Aunque era profundamente fatalista (y tenía premoniciones de su propia muerte), sabía lo que era capaz de hacer. Su humildad era a ratos asombrosa. Como nos cuenta Kearn Goodwin en su biografía *Equipo de rivales*, Lincoln componía su gabinete con líderes políticos que se habían opuesto a él. Admiraba el talento de estos hombres y sabía que la única esperanza de reparar una nación dividida era unir a las personas, incluyendo a aquellas que no estaban de acuerdo con él, para trabajar juntos por una causa común: la curación de la unión.[14]

La habilidad de Lincoln para tolerar el disentimiento y trabajar con sus enemigos estaba inscrita en su carácter (diremos más sobre este carácter en el capítulo 3). "La mente atenta está en gran medida inscrita en el carácter", dice Donald Altman. "De hecho, si te remites a la historia de la mente atenta, hallarás sus cuatro fundamentos. Uno de esos fundamentos es la ética y los valores. Para Altman, la mente atenta nos permite revigorizar nuestros valores, pues nos ayuda a vivir y liderar con más intención y propósito. De acuerdo con Altman, "las compañías tienen lemas de intención que resumen lo que es importante para ellos. Y, como individuos, debemos tener también lemas de intención para nuestras carreras, nuestras amistades, nuestra salud personal y nuestro bienestar emocional. Cuando la intenciónalidad está conectada a nuestros valores, esta se torna en nuestro timón de mando personalizado. Nos ayuda a ir en la dirección que queremos. Y, si de alguna manera nos estamos desviando, nuestros sentido de intención nos pondrá de nuevo en el camino indicado".

Altman sugiere que los individuos desarrollen un lema de intención de tres o cuatro frases. Invita a las personas a preguntarse: "¿deseas llevar a cabo una carrera en la que seas abierto con los demás, produzcas algo de valor, muestres respeto y pongas todo el esfuerzo posible en tu trabajo?". Aunque el proceso puede tomar mucho tiempo, ayuda a enfocar la mente y el espíritu en metas más grandes. Como recordatorio de intención, Altman sugiere que "las personas carguen con ese lema y que, para evaluar sus acciones, se pregunten si sus comportamientos y acciones diarios son consistentes con esas tres o cuatro frases". La mente atenta se basa en un fundamento de intención, la voluntad de ver el presente con el compromiso de hacer que las cosas para los demás sean mejores. Los líderes con mente atenta son conscientes de sus propias deficiencias, pero a la vez tienen la humildad de aceptarlas y la experiencia para aprovechar sus fortalezas.

Consideración de cierre: mente atenta

Mientras que la mente atenta surge del interior del individuo, la práctica ubica al líder al frente y en el centro de lo que ocurre en el aquí y el ahora, y le ayuda a enfocarse en lo que el futuro pueda traer. Un líder atento es consciente tanto de la situación como de la manera en que la gente en su equipo reacciona a esta. Así pues, un líder de este tipo no solo está atento, sino también en sintonía con las inevitables formas del cambio. Tener una mente atenta, entonces, prepara a los líderes para concentrarse en el presente al igual que en el futuro.

Mente atenta = Consciencia + Intención

Preguntas de liderazgo

* ¿Qué es lo que te impulsa a levantarte en las mañanas y por qué?
* ¿De qué manera te preparas para involucrarte con el mundo?
* ¿Cada cuánto te tomas el tiempo de preguntarte qué está pasando, qué no está pasando y qué puedes hacer para ejercer una influencia en los resultados?
* ¿Qué tanto éxito tienes haciendo lo que más te gusta?
* ¿Qué harías de una manera distinta para asegurarte que estás trabajando a tu máximo?
* ¿Te tomas el tiempo de reflexionar sobre lo que has hecho? ¿Qué opinas sobre las cosas que están funcionando y las que no? ¿Qué cambios harías?

Directivas de liderazgo

* Si eres un líder con mente atenta, debes vivir siempre en el momento. Ser atento implica tener plena conciencia, involucrarse al máximo y estar siempre comprometido.

- Identifica las cosas que te gusta hacer, aquello en que te destacas personal y profesionalmente. Piensa en por qué te gusta hacer estas cosas.

- Haz una lista de las cosas que te gustan de tu trabajo. Sé tan específico como puedas.

- Haz una lista de las cosas que no te gustan de tu trabajo. Sé tan específico como puedas.

- Entiende que lo que te gusta de tu trabajo puede ser lo más difícil que hagas, pero lo que te da la mayor satisfacción.

- Busca la inspiración en las acciones de aquellos que admiras. Pregúntate cómo lo hacen y cómo eso puede aplicar a tu caso.

Oportunidad

La más grande tentación humana es conformarse con muy poco

Thomas Merton

Haciendo el cambio

Chester Elton, autor *best seller* apodado "el apóstol de la apreciación", y su socio de negocios Adrian Gostick habían sido colegas en un empleo previo. En su último año de trabajo en esa compañía, las cosas no salieron bien. Como lo explica Elton, "Considero que era imposible seguir con nuestro empleador pasado, pero inclusive así éramos productivos dentro de ese gran fracaso. Debimos haber sido capaces de comunicarnos de una mejor manera y trabajar unidos en aras de una mejor productividad. No pudimos hallar un camino que avanzara. No importaba qué tanto trabajáramos o qué tanto éxito tuviésemos, simplemente no podíamos tener a nuestros jefes contentos ni estar felices nosotros mismos".

Elton la da el crédito a su esposa, Heidi, por darle el apoyo que necesitaba para enfrentar al mundo por su propia cuenta. De acuerdo con Elton: "Ella me dijo: 'mira, sé que estás en conflicto con la idea de renunciar. Eres un tipo leal. Amas a tu compañía, ¡pero ella no te ama! Déjame hacer esto muy sencillo para ti... te vas. Solo tenemos que hallar una manera de hacerlo'". Y la razón por la cual dijo esto fue porque: "'Este trabajo te está matando. Literalmente, te está matando. Quiero a mi esposo de vuelta. Los niños quieren a su padre de vuelta. Así que te vas. Ahora solo tenemos que ver cómo lo vamos a hacer'". Eso es lo que una gran esposa hace por ti.

Elton entendió que debía tomar cartas en el asunto. "Irse nunca es fácil, en especial después de diecinueve años. Pero las cosas cambian, los líderes cambian, y no siempre tú puedes hacer el cambio. No es culpa de nadie. Aún tengo amigos allí y su líder es verdaderamente un buen hombre. Simplemente ese ya no era el lugar indicado para mí. Era tiempo de seguir adelante".

El reto de la independencia lo sedujo. "Y, además, la oportunidad de hacer las cosas por nuestra cuenta y crear así nuestro propio negocio. *The Culture Works* ha sido algo tan gratificante, divertido, comprometedor y rentable. Fue una de esas cosas donde pensé: 'Caray, si hubiera sabido antes que podía hacer esto por mi propia cuenta, lo habría hecho hace dos o tres años'".

El fracaso no es el fin. "Creo que cuando hablas con personas que son impulsadas por el éxito, te das cuenta de que ellas en realidad ven los fracasos como: 'Aquí es donde estamos ahora. Entonces, ¿qué hacemos al respecto?'. Podemos llorar. Podemos reír. Podemos revolcarnos en el barro o levantarnos y seguir adelante. Mi respuesta al fracaso siempre ha sido trabajar más duro. Solo debes trabajar más duro y, entras más lo hagas, más suerte y más éxitos tendrás".

Aprovechar al máximo la buena fortuna

En una conversación reciente, Jim Kouzes, profesor y autor, me contó su historia de oportunidades y eventos de buena fortuna. "Toda mi carrera ha sido una serie de eventos afortunados. Me parece que he tenido encuentros accidentales con las oportunidades, y creo que he sido tan suertudo como inteligente al saber aprovechar cada una. Por ejemplo, al salir de la universidad, me uní a los Cuerpos de Paz y fui asignado a la enseñanza. En ese momento, no tenía idea de lo mucho que disfrutaría hacerlo. Pensé que quería ser un funcionario de servicio exterior. Sin embargo, al volver a los Estados Unidos, decidí que quería encontrar un empleo como profesor".

Luego de tres años de trabajar para el Community Action Training Institute, Kouzes fue reclutado por el *School of Social Work* en *San Jose State University* para administrar un programa de becas que entrenaba a administradores de la salud en el área de San Francisco. Eso lo llevó a un trabajo como director del *Executive Develepment Center* en la Universidad de Santa Clara, donde Kouzes conoció a su eventual coautor y socio de negocios, Barry Posner.

"Barry golpeó en mi puerta el primer día que estuve ahí, en mi nueva oficina en Santa Clara, y dijo: 'Estás en mi oficina'. Primero me sorprendí y dije: '¿Cómo? El decano me dijo que esta era mi oficina'. Luego Barry dijo: 'Ya que eres nuevo en el campus, hazme saber cualquier cosa que necesites. Si necesitas algo, para mí será un placer mostrarte la universidad. También trabajo con el Centro de desarrollo ejecutivo, y si hay algo en que pueda servirte, no dudes en decírmelo'. Y yo dije: '¡Qué bien!'. Saqué ventaja de esa oportunidad y el resultado ha sido una gratificante colaboración de treinta años. Aprendí dos cosas de esa temprana conexión con Barry y del resto de mis afortunados encuentros. Primero, debes tocar más puertas. Toca en muchas puertas. Segundo, responde 'sí' cuando alguien te pregunte: '¿Te puedo ayudar?'. 'Sí' es la única palabra que empieza cosas".

**LAS INVESTIGACIONES DICEN QUE...
EN LAS VEINTE COMPAÑÍAS MÁS IMPORTANTES
EN LIDERAZGO, LOS ENCUESTADOS DICEN QUE:**

90%	70%
LOS LÍDERES VETERANOS COMUNICAN LA URGENCIA QUE TIENE SU FIRMA DE ADAPTARSE A LAS TENDENCIAS EVOLUTIVAS DEL MERCADO.	INSTAN A SUS EMPLEADOS A APRENDER SOBRE ÁREAS QUE NO SEAN LAS DE SU EXPERTICIA.

FUENTE: *2013 BEST COMPANIES FOR LEADERSHIP, HAY GROUP*[1]

Oportunidad. Los individuos con MOXIE no esperan que las cosas les lleguen. Buscan nuevas oportunidades. Andan en busca de los novedoso y lo alternativo.

Ben Hogan

Cuando le preguntaban por el secreto de su éxito, solía decir que, si había un secreto, este estaba "en la tierra". Muchos han especulado sobre qué habría querido decir con esto, pero, aparentemente, simplemente quería decir que es necesario trabajar duro. Hogan era un golfista, y pasaba horas y horas golpeando una bola desde el pasto y la tierra. Pero es más profundo que eso. La tierra para él representaba la determinación que le ponía a su juego. Corto de estatura, su estructura era compacta y musculosa a diferencia de la flacura de otros jugadores de su generación. Cualquier tipo de fuerza que generara podía venir de sus brazos, sus hombros, su torso, sus caderas o sus piernas. Y fueron las últimas dos las que le trajeron más problemas. Pero, a la vez, son la razón por la cual hoy en día es reverenciado. Él era Ben Hogan, campeón de golf.

Nacido en Texas, de padres muy pobres, el joven Hogan aprendió a jugar golf en un club campestre cerca de Forth Worth donde trabajaba como *caddie*. En aquellos días, el golf profesional no era visto como una profesión; se trataba más de un grupo de apostadores itinerantes rodando de pueblo en pueblo para competir por premios que no ascendían a más de unos miles de dólares. Y, sin embargo, algo de ese juego le llamó la atención a Hogan, y decidió hacer de este su carrera.

Ninguna cosa vino a él con facilidad. Sus primeros años de gira no fueron nada espectacular, pero sí ganó algunos torneos. Durante la Segunda Guerra Mundial, sirvió en el cuerpo aéreo del ejército y entrenó como piloto. Nunca fue más allá del mar. Estacionado en su natal Texas, Hogan tuvo el tiempo, como otros golfistas de su época, de trabajar en su juego. Fue después de la guerra que empezó a hacerse de una buena reputación, ganando un gran número de torneos incluyendo el *U.S Open* y el *PGA Tournament*, conocido en el golf profesional como "ligas mayores".

Un evento ocurrido en 1949 definió la vida de Hogan y lo convirtió en el ícono que es hoy en día. Manejando de vuelta a casa de un torneo en Los Ángeles, un bus invadió su carril y aplastó su nuevo Buick y sus piernas. Justo antes del accidente, Hogan soltó el timón y se lanzó para proteger a su esposa del impacto. Al hacer eso, no solo salvó a su esposa de resultar herida, sino también a él mismo de ser aplastado por la inmensa masa del bus. Por desgracia, sus piernas estaban en el camino de impacto y fueron destrozadas tan severamente, que lo primero que se informó fue que Hogan había muerto en el accidente.

La idea de que Hogan volviera caminar resultaba prematura. Con todo, luego de varios meses en el hospital y después en su casa, en recuperación, él decidió no solo que volvería a caminar, sino también a jugar golf. En algún lugar de su mente, también resolvió competir. Aunque tímido y reservado, Hogan había construido una buena reserva de buena voluntad entre sus colegas, los oficiales de torneo e incluso entre periodistas deportivos. Así, fue escogido como el capitán del equipo estadounidense que viajó a Escocia en 1949 para jugar la *Ryder Cup*. No compitió, pero sí dirigió al equipo ganador.

Puede que el estar de vuelta en las canchas del mundo del golf lo haya motivado a intentarlo de nuevo como profesional. Al retornar a Forth Worth, de nuevo volvió a golpear pelotas durante horas. Luego, en 1950, decidió que estaba listo e ingresó a *Los Ángeles Open*, llevado a cabo en el Riviera Club. Entró a la cancha como un huracán, jugando lo suficientemente bien como para ganar, aunque le costó mucho. Sus piernas se hincharon al caminar, más aún al jugar golf, y le dolieron mucho durante las cuatro rondas de competencia.

Sin embargo, fue lo que ocurrió seis meses después lo que enmarcó a Hogan en la historia del golf. Ingresó al *U.S Open*, en el Merion Club a las afueras de Filadelfia. El *U.S Open* es considerado por muchos como el torneo más duro de todos; está construido para ser bastante exigente y reúne a los mejores jugadores del mundo. Hogan ya había ganado este torneo el 1948, pero eso había sido con dos piernas buenas. Ahora estaba cojeando, pero lo dio todo.

Como lo explicó Dave Berret en *Miracle at Merion*, el torneo se llevó a cabo apenas dieciséis meses después del terrible accidente. Hogan se obligó a permanecer en la cancha, jugando treinta y seis hoyos para ganarse un boleto para los *playoffs*, y luego otros dieciocho al día siguiente. Red Smith, el legendario reportero de deportes neoyorquino, escribió: "Quizá una vez en la vida... es posible decir con precisión y sin cursilería, 'Esta fue una victoria espiritual, un absoluto triunfo de la voluntad'. Ahora mismo, este es el caso".[2]

El *U.S Open* de 1950 fue el momento de Ben Hogan. Fue en Merion donde se posicionó como un jugador que desafiaba las posibilidades y empleaba una combinación de coraje y astucia para ganar. Hogan confiaba en que podría y jugaría bien. Se había preparado para competir al más alto nivel y así lo hizo. Esta fue el momento de Ben Hogan y jugó como nunca.[3]

Aprovechar el momento es lo que hizo Ben Hogan y lo que los líderes deben hacer para triunfar. Las oportunidades, como dice el adagio popular, se le presentan a los que las buscan. Eso es algo esencial para un líder. Muy pocos, si hay alguno, se contentan con quedarse esperando a que las cosas pasen. Buscan focos de oportunidad en donde puedan aplicar lo que saben y hacer lo que debe ser hecho. Son oportunistas en el sentido mental, y su necesidad de triunfar los lleva a aprovechar las cosas que pasan.

Enfrentando la adversidad

Las oportunidades también requieren perseverancia. Max De Pree, expresidente y director ejecutivo del fabricante de muebles Herman Miller y autor, alguna vez escribió: "La primera responsabilidad de un líder es definir la realidad. La última es decir 'gracias'. Entre eso hay un sirviente y un deudor". Jim Kouzes se vale de esa cita para ir al corazón de las responsabilidades de un líder: decir la verdad.

Esa verdad comienza echando un vistazo interior. En sus más de treinta años de investigación, incluyendo la recolección de mejores historias de práctica en *El desafío del liderazgo* (ahora en su quinta edición), Kouzes señala que casi todas las historias estudiadas ofrecen el ejemplo de alguien enfrentando un desafío significativo. "Uno de los aspectos que resultó sorprendente de esto –y algo que no esperábamos– fue que cada una de esas historias se trataba de desafío, adversidad, incertidumbre, dificultad y cambio. No se trataban sobre la conservación del *statu quo*. Nadie hizo su mejor esfuerzo manteniendo las cosas igual. Cada situación se trataba de cambiar el orden de las cosas, casi siempre con una fuerte carga dramática". Algunos de los entrevistados escalaron montañas, otros empezaron negocios y otros los reconstruyeron.

La voluntad de mirar más allá del problema inmediato para ver posibilidades en el horizonte es inherente a quien se enfrenta a la adversidad. Una de las citas favoritas de Kouzes es de Swifty Lazar, un legendario agente y negociante de Hollywood, que dijo: "A veces me levanto en la mañana y, como no hay nada que hacer, hago que algo ocurra antes de almuerzo". A Kouzes le gusta decirle a los líderes que "pongan esta cita en su pared o en la pantalla de su computador para siempre acordarse de tomar la iniciativa. Si llega la hora del almuerzo y no has hecho que pase nada, retrasa el almuerzo". Ahí es cuando entra la oportunidad.[4]

Aprovechando la adversidad

También es posible ver la oportunidad como la otra cara de la adversidad. Doug Conant se dio cuenta de esto cuando fue nombrado director ejecutivo de la Campbell Soup Company en 2001. Aunque era un veterano de la industria alimenticia que había trabajado para General Mills, Kraft y Nabisco, nada lo había preparado para los retos que debió enfrentar en Campbell Soup. Los primeros dieciocho meses fueron duros. Se dio cuenta de que los desafíos que enfrentaba la compañía iban mucho más allá del espectro de los líderes. Como dijo Conant: "No puedes salir tan fácilmente de algo en lo que tú mismo te esforzarte tanto en entrar. Debes trabajar duro para salir de ahí".

La solución que Conant implementó fue metódica. Valiéndose de un plan a tres años, impulsó a los ejecutivos a desarrollar planes anuales de operación y prioridades periódicas. Hasta ahí, nada muy especial; pero Conant insistió en que aquellos planes y prioridades fueran revisados por el equipo ejecutivo vía e-mail todos los viernes, y luego discutidos en una reunión los lunes en la mañana. La asistencia era obligatoria. "Se trataba de un procesos muy disciplinado, [enfocado] en tomar control de la empresa y hacerla avanzar a un terreno más firme".

Eso suena bien, pero también requiere del compromiso personal de aquellos en la cima. Al respecto, Conant se halló a sí mismo doblemente desafiado: era nuevo en Campbell y era un introvertido, del tipo silencioso y reservado. Sin embargo, decidió que si iba a darle la vuelta a Campbell tenía que hacerse altamente visible. De manera que, desde los primeros días de su llegada, habló de su introversión públicamente o, como lo dice ahora, se declaró. Específicamente, le dijo a sus empleados: "Van a verme haciéndome a un lado [en algún evento corporativo] y quizá piensen que soy un tipo distante que no está interesado en quiénes son ustedes ni en qué están haciendo". Pero eso no es todo. "La verdad es que soy tímido y no sé qué decir". Conant le pidió a los demás que conversaran con él, y funcionó. "Como líder, me quitó una carga inmensa de los hombros", dijo. Admitir tal timidez le permitió enfocarse en su trabajo y al mismo tiempo invitó a otros a conversar con él y, más importante aún, a comunicarse con él de manera honesta y directa. Con el tiempo, la timidez de Conant se disipó, pues dejó de "interiorizarla".

El tan importante viraje estructurado no puede funcionar sin hacer cambios. "Tenía que crear una cultura de creatividad y responsabilidad", dice Conant, porque "el 99% de las decisiones dentro de una compañía se toman cuando el director ejecutivo no está en la sala". Bajo el mando de Conant, Campbell amplió su línea de productos para ajustarse a las necesidades de los consumidores que querían tomar sopa en el trabajo o mientras trabajaban en algo más. "Siempre estábamos buscando una manera novedosa o mejor de hacer las cosas", dijo. En el dirigir este plan de viraje, al igual que varios impulsos creativos, hubo una sensación de urgencia: "Debíamos innovar o morir". Durante este construir, se estableció el mantra: "la expectativa número uno de un líder es inspirar confianza en los demás".

No todo ejecutivo estuvo a la altura de la tarea, y la compañía tuvo que reemplazar a más de 300 de los 350 altos ejecutivos. Fueron contratados 150 de estos externamente, pero otros 150 fueron ascendidos dentro de la misma organización. Conant descubrió que estos colegas "se morían por contribuir de una manera más sustancial, pero no se les había dado la oportunidad". Esos ejecutivos dieron la talla y, luego de tres años, Campbell volvió a la cima, consolidando un desempeño sólido durante los siguientes ocho años de mandato de Conant.

Hacer que las cosas pasen: tres casos de estudio

Crear oportunidades es con frecuencia un asunto de buscar en el lugar indicado en el momento indicado. Consideremos, por ejemplo, el gran impacto de McDonald's en el 2013: el McWrap. McDonald's es el gigante global de la comida rápida. Presentar nuevos productos que sean la extensión de otros existentes, se trate de hamburguesas o sándwiches de pollo, no es tan difícil. Presentar una nueva línea de comida que sea fresca, atractiva para aquellos que cuidan de su salud, fácil y rápida de preparar, y que tenga un bajo costo, eso es otra cosa.

De acuerdo con un artículo de portada de la revista *Bloomberg Businessweek*, McDonald's estuvo trabajando en el McWrap durante catorce meses. Don Thompson, director ejecutivo de McDonald's, resumió muy bien el reto cuando se le preguntó por las cambiantes preferencias de los jóvenes consumidores: "Hoy en día somos tan vulnerables como siempre lo hemos sido. Los gustos siempre cambian". Así que buscar una oportunidad no es algo bondadoso que hacer, es una obligación estratégica.

La resistencia al cambio puede costarle clientes a la compañía, y lanzar al mercado un producto que fracase puede ser vergonzoso al igual que costoso. La *Arch Deluxe*, una hamburguesa lanzada en 1996, tuvo un costo de presentación de cien millones de dólares. En un principio arrasó y luego desapareció. Introducir un nuevo producto puede ser una lotería.

La idea del McWrap no fue una historia hecha en Estados Unidos. Una versión del McWrap de pollo apareció en los McDonald's de Polonia. A diferencia de otras compañías que buscan la homogeneidad en sus ofertas alrededor del mundo, McDonald's tiene una larga historia adaptando sus menús a los gustos locales. De alguna manera, esto es una extensión de la estrategia de su fundador Ray Kroc's, que abogaba por permitir a los dueños locales el desarrollo de nuevas ideas para los productos. La *Big Mac* y el *Egg McMuffin* son dos ejemplos de esto.

Juntar los ingredientes correctos con el precio justo de una manera que resulte atractiva al gusto estadounidense fue un largo trayecto que empezó en la cocina de prueba del chef principal. Los ingredientes que se quedaron, además del pollo, fueron pepino, queso, salsa (en forma de garabato, no vertida) y tortilla de harina blanca.

El tiempo y las preferencias de los consumidores determinarán el futuro del producto. Con todo, el ejercicio de desarrollar una nueva iniciativa es un caso de estudio sólido que permite entender la manera en que una compañía se moviliza para producir algo en lo que los consumidores podrían estar interesados. Nótese las palabras "podrían estar". Después de todo, cuando hace un siglo se le preguntó a Henry Ford sobre la intención de los clientes, él rápidamente contestó: "Si le hubiera preguntado a mis clientes lo que querían, ellos habrían dicho: 'un caballo rápido'". Las oportunidades pueden ser algo inesperado, pero deben ser aprovechadas.[5]

Mientras que McDonald's busca responder a los cambios en las preferencias de los clientes, otra compañía busca suplir las necesidades con respecto a vehículos de emisión cero. Se trata de Elon Musk, un billonario emprendedor que ha transformado el automóvil eléctrico en un objeto de deseo, de alto nivel de deseo. Los automóviles eléctricos Tesla son los favoritos tanto de las celebridades de Hollywood como de los ricos y los famosos.

Al contrario de otras compañías que solo hacen autos eléctricos, *Tesla Motors* es lucrativa. Fue desarrollada por personas que no estaban tan interesadas en automóviles como en tecnología y movilidad, y sus propuestas giraban en torno a la funcionalidad de las baterías. Hoy en día, un Tesla último modelo tiene un rango de tres mil millas, más que cualquier otro vehículo. La carga rápida es otra de sus ventajas: la batería puede cargarse en veinte minutos, dejando al auto listo para otro trayecto de unas dos mil millas. Otros modelos eléctricos requieren horas de carga. El estilo también es seductor y, a diferencia de otros fabricantes, Tesla controla sus concesionarios. No vende a través de franquicias. Esto permite un servicio directo y efectivo además de novedosos planes de financiamiento.

El negocio de Tesla no compite con compañías como Ford o Toyota, pero sí demuestra que empresarios inteligentes y confiables pueden acceder a las oportunidades si logran poner en juego los recursos correctos para hacer sus sueños realidad. Elon Musk, que amasó su fortuna como cofundador de PayPal, es el hombre indicado para aprovechar las oportunidades de entregar mercancía de calidad a los clientes y ganancias a las compañías. Su otra gran empresa es SpaceX, una compañía pionera en turismo espacial de financiación privada. En mayo de 2012, uno de sus cohetes se conectó con la Estación Espacial Internacional.[6]

Así, una compañía establecida y un emprendimiento en desarrollo demuestran que los líderes fuertes hallan las oportunidades donde el cambio se encuentra con la necesidad. Llegar a esta intersección requiere la habilidad de comunicar una visión a los demás y un empuje para movilizarlos, para que ejecuten acciones que produzcan valor.

Con frecuencia, las oportunidades surgen de la desorganización. La desorganización puede ser una estrategia efectiva a la hora de hacer algo de forma distinta y adaptarlo para hacer de ello un negocio. Un buen ejemplo es Netflix, que ha desorganizado el mercado no una sino varias veces. Como lo señaló el crítico de televisión David Carr en una columna para el *New York Times*, Netflix primero desordenó la comercialización de los videos al usar el servicio postal de los Estados Unidos como distribuidor de DVDs. Este esfuerzo fue inmensamente popular y el negocio creció.[7]

Luego, Netflix empleó el sistema de *streaming* para que sus usuarios pudieran ver videos en línea directamente, y por esto pagaban un servicio mensual que les daba el derecho de ver un número ilimitado de series y películas al mes. De nuevo, su modelo de negocio resultó exitoso.

La siguiente desorganización fue autoimpuesta. En agosto de 2012, Netflix decidió dividir sus negocios en dos unidades independientes, lo cual implicó que sus clientes debían escoger uno de los dos o, de lo contrario, pagar un 60% más para tener ambos. La desaprobación del público fue inmensa y Netflix perdió casi un tercio de sus subscriptores. Su director ejecutivo, Reed Hastings, que había sido nombrado por la revista *Fortune* en 2010 como el ejecutivo del año, debió reconocer que había cometido un enorme error.

Con todo, como escribió el columnista de Forbes.com Adam Hartung: "El director ejecutivo Hastings en efecto hizo lo que los libros de texto dicen que debe hacerse: empezó por sacar provecho del instalado pero viejo mercado de los DVD. No lo mató, pero de allí sacó las rentas y el dinero para construir su negocio de *streaming*, que a pesar de crecer más rápido, tenía una demanda menor". Funcionó. El negocio del *streaming* creció y el de los DVDs cayó.[8]

Ahora era el momento de su tercera desorganización: la creación de un contenido exclusivo para Netflix. El primer gran esfuerzo fue la financiación de una serie de veintiséis episodios que solo podía ser vista en esta plataforma. Se trató de *House of cards,* un drama político protagonizado por Kevin Spacey, que hacía el papel de un ambicioso político en ascenso. Los primeros trece episodios fueron lanzados en la primavera de 2013 y la respuesta fue sumamente positiva. Ofrecer todos los episodios al tiempo fue una apuesta revolucionaria y muy bien acogida por los usuarios: ver una serie de corrido, en amplias dosis.

House of cards fue un verdadero éxito y mereció un buen número de nominaciones a los premios Emmy. Como le dijo el profesor y crítico de televisión David Bianculli a David Carr: "A HBO le tomó veinticinco años conseguir su primera nominación al Emmy, a Netflix le temó seis meses".[9]

Posteriormente Neftlix resucitó un show televisivo, *Arrested Developement,* que había sido cancelado hace cuatro años. También introdujo un par de shows propios más, incluyendo *Orange Is The New Black,* un drama situado en una prisión de mujeres. El modelo de creación de contenidos estaba funcionando.

Nada de lo que estaba haciendo Netflix era de por sí extraordinario, pero al echar un vistazo a lo que los consumidores buscaban en la televisión, esta era capaz de proporcionar películas y shows directamente, primero a través del correo y luego por medio del internet. Crear sus propios contenidos era el paso a seguir, y dio prueba de que la innovación no debía ser enteramente original; en cambio, debía estar enfocada en proveer algo distinto en términos de conveniencia.[10]

Llevando la oportunidad al siguiente nivel

Los líderes exitosos aprovechan las oportunidades, pero hacen algo más. Crean oportunidades para los demás. La más grande reserva inexplorada de fortaleza organizacional es la voluntad. Esta sentencia es una definición que con frecuencia he utilizado para hablar y escribir sobre el poder de la voluntad. Así que, cuando leí:

"La más grande reserva inexplorada de motivación es un sentido de servicio a los demás", en mi mente dije: *¡Bingo!*

La cita viene de un perfil del *New York Times* escrito por Susan Dominus sobre el trabajo de Adam Grant, un profesor de 31 años de Wharton. Grant ha publicado un puñado de ensayos revisados por pares y es autor del nuevo libro *Dar y recibir*. El resto de la cita, que es el resumen de Dominus sobre el pensamiento de Grant, señala que, al ser empleados, consideramos nuestra "contribución de trabajo a la vida de otras personas, esta tiene el potencial de hacernos más productivos que el solo pensar en nuestro beneficio".[11]

Grant, que fue entrevistado para este artículo, dijo: "En el mundo corporativo de los Estados Unidos, la gente algunas veces siente que el trabajo que hace no es relevante. El contribuir a la vida de los colegas puede ser un sustituto para eso". Las investigaciones de Grant corroboran su tesis. Los empleados se encuentran más involucrados y motivados cuando sienten que están contribuyendo al beneficio de otros.

El propio Grant ejemplifica este comportamiento. De acuerdo con la *New York Times Magazine*, él concibe la enseñanza y la consejería a estudiantes –incluso aquellos que no estudian en Whanton, con los cuales se comunica vía e-mail– como parte de su trabajo, no como algo extra. Esto no limita su productividad; puede, en cambio, mejorarla.

Esencialmente, lo que Grant está documentando, como otros lo han hecho antes que él, es el poder del altruismo. Un estudio muestra que el altruismo puede estar inscrito en nuestro ADN, lo cual resalta el impulso de dar y cuidar a los demás. Ciertamente, el altruismo impulsa a llevar a cabo acciones voluntariamente. Las personas están motivadas a hacer algo por los demás porque así lo quieren, y se sienten bien por eso.

En mi entrevista con Grant para este libro, él dijo: "Muchos líderes subestiman el poder de actuar como un benefactor". Esto es distinto a ser un donante de caridad o un voluntario. "La mentalidad de benefactor se enfoca en hacer que otras personas estén mejor... Hay amplia evidencia de que cuando los líderes operan como benefactores les va mejor, al igual que a sus organizaciones". Como lo explica Grant: "Muchos empleados responden a líderes benefactores actuando ellos mismos como tal, lo cual se traduce un mayor conocimiento compartido, mayor creatividad e innovación, y más ayuda y resolución de problemas". Esto es beneficio para la organización. Más aún, como dice Grant: "la gente quiere trabajar para alguien que pone sus intereses primero". Y tiene todo el sentido. Cuando hacemos cosas por los demás, ellos se inclinaran a hacer cosas por nosotros. Como lo explica Grant, las organizaciones "terminan construyendo una cultura donde es muy difícil no actuar como benefactores y salirse con la suya. Así, terminas por sacarte de encima esos pésimos negocios en los que un empleado gana a expensas de otro".

No obstante, como lo señala Grant, puede que la gente tome ventaja de los líderes que dan y dan. Entonces, le aconseja a los líderes alinear su nivel de entrega con "los valores y las metas de su organización... Ayudar a las personas que no están alineadas con los objetivos de la compañía es una receta para el desastre". Por lo tanto, se debe priorizar. Comparte tu experticia en aquello donde puedas hacer el mejor bien. Es decir, si tienes pericia en finanzas, comparte eso. Si tu fuerte son los recursos humanos, extiende tu conocimiento. Finalmente, Grant cree que los límites son importantes. Los líderes pueden y deben tomarse el tiempo para pensar y reflexionar como un medio para hacer bien su trabajo.

La prestación de los servicios es otra materia importante. Lo que da tanta fuerza a las conclusiones de Grant es que él se enfoca en organizaciones, incluyendo el sector corporativo. Las organizaciones serias funcionan sobre una excelente base de servicio, tanto interno como externo. Así que, ¿cómo podemos prestar un buen servicio en el lugar trabajo? Lo primero y más importante es concentrarse no tanto en lo que haces sino en lo que produces. Es decir, piensa: "¿Qué efecto tendrá en mis colegas el hacer mi trabajo?" Luego, adopta la mentalidad correcta. Considera estas opciones.

Escucha, no juzgues. Francamente, este puede ser el consejo más difícil, pues con frecuencia creemos saber lo que quieren decir nuestros colegas antes de que lo digan. En lugar de desechar un comentario de antemano, mantén una mente abierta y emplea esta postura flexible como un comodín hacia la conversación. Haz preguntas abiertas o pídele a tu interlocutor que amplíe su comentario.

Piensa en términos de "quiero" en lugar de "tengo que". Todos tenemos cosas que debemos hacer. Pensar en estas como cosas que queremos hacer ayuda a otras personas a hacer su trabajo de una mejor manera, para que sean una forma de ayudar, no solo de cumplir.

Antepón los beneficios a los oficios. Busca maneras de transformar lo que haces en cosas que beneficien a tus colegas. Por ejemplo, si terminas una tarea temprano, te queda tiempo de ayudar a un colega. Si alguien está esperado tu decisión, una respuesta temprana le ayudará a dar inicio a un proyecto cuanto antes.

Adopta una política tipo "por último, yo". Los oficiales de marina tienen la tradición de esperar a que los novatos sean servidos antes que ellos. El hecho de cederles el turno a tus subordinados da una buena impresión de ti como jefe. Muestra que tienes respeto por los demás al igual que un sentido de humildad.

Sal del papel principal. Deja que los demás obtengan crédito por un trabajo en equipo que resultó bien. Y, si ocurre lo contrario, pon la cara por ellos.

Estas sugerencias tiene la intención de servir como puntos de partida. Lo que hagas depende de ti, y una vez dejas que tu mente actúe de manera más libre, se te ocurrirán maneras de marcar la diferencia.

Déjame compartir una historia.

Una vez trabajé con un ejecutivo cuyo ascenso estaba siendo evaluado. El único problema con él era que algunas veces presionaba a sus colegas de la manera equivocada. Era impaciente, callaba a las personas y a ratos era gruñón. Eso no es algo raro en los gerentes, pero he aquí lo distinto: este ejecutivo era extraordinario con los clientes. Donde fuera que hubiese problemas, él era el primero en atenderlos. Era paciente, atento y comprensivo, y ni hablar de su eficiencia técnica. Su comportamiento con los clientes era totalmente opuesto a su comportamiento con sus colegas.

En nuestra conversación inicial de *coaching*, lo reté a pensar en sus colegas como sus clientes. Por el gesto que se dibujó en su cara, pude entender que hizo la conexión casi inmediatamente. Y eso fue todo. Adoptó una mentalidad de servicio al cliente con sus colegas, lo cual confirmó su buena naturaleza y llevó a la gente a tener un mejor concepto de él.

Por supuesto, el espíritu de retribuir, de ser servicial con los demás, debe ser implementado en tu competencia. Debes prepararte para tu trabajo siendo decente y entrenado. Te corresponde hacer lo que requiera tu trabajo, mucho más cuando esto marca la diferencia, como suele ocurrir cuando ves el efecto que tu labor tiene en los demás.

El servicio es el valor agregado de la voluntad. El servicio valida y renueva la voluntad dotándola de significado para los individuos, pues le da valor a sus contribuciones y fortalece sus organizaciones al potenciar el emprendimiento. Al enfocarnos en el servicio, creamos oportunidades no solo para los demás sino también para nosotros mismos. El servicio abre la puerta para aprovechar oportunidades, pues permite al líder hacer su trabajo, trabajar a través de otros para alcanzar sus metas.

Oportunismo: la historia de un empresario

Los empresarios son un ejemplo excelente de oportunismo. Como lo argumenta Daniel Isenberg, profesor de escuelas de negocios y autor *best seller* en su libro *Worthless, Impossible and Stupid*, la innovación no es tan importante como hallar las oportunidades correctas.

En un capítulo titulado "Resolución de problemas apremiantes", Isenberg construye una ecuación de palabras que considero pertinente:

"Emprendimiento = Adversidad + Capital humano"

En pocas palabras, Isenberg afirma que los problemas o los desafíos le dan la oportunidad de crear algo a aquellos que buscan hacer la diferencia. Todo lo que se requiere es el problema y algo de capital de inversión.[12]

Un ejemplo que Isenberg perfila es Vinod Kapur, fundador de Keggfarms, una de las granjas de cría de aves de corral más antiguas de la India. Luego de que el liberalismo económico llegara a India en 1991, Kapur se dio cuenta de que podía evitar la competencia hombro a hombro con productores globales de aves de corral, pues dichos productores se enfocaban en las ciudades más grandes. De manera que Kapur vio una nueva oportunidad en la India rural, donde habita el 75% de la población.

Luego de años de experimentación, *Keggfarms* presentó el Kebroiler, un ave de color precioso (los indios consideran a las aves blancas inferiores) que podía vivir de las sobras del hogar y que era lo suficientemente agresiva para defenderse de los depredadores locales, como los perros. También engordaba rápidamente y empezaba a poner huevos a los seis meses. Los Kerboilers alcanzaban un peso óptimo en un año y podían ser usados para la producción de carne o de huevos.

La distribución fue todo un reto, pues implicaba repartir productos perecederos en las altas temperaturas del país rural. La solución fue reclutar una red de distribuidores que llevarían aves recién nacidas hacia hogares locales una vez los polluelos alcanzaran un peso de trescientos gramos. Cada ave tiene un costo de sesenta centavos, pues comen las sobras del hogar y no cuesta nada mantenerlas. Dan huevos y eventualmente pueden ser vendidas como carne. Al resolver la cuestión de cría al igual que los problemas de la distribución, Keggfarms fue capaz de traer a la India rural nuevas oportunidades de negocios.[13]

Los emprendedores hacen más cosas aparte de resolver problemas. Ven valor donde otros no y pueden hacer de tripas corazón.[14] Cuando fue presidente de Chrysler, Bob Lutz afirmó que una de las razones por las cuales su empresa se fijó en American Motors fue porque estaban bastante cortos de dinero, pero con todo parecían poder seguir produciendo múltiples vehículos. Lutz dijo, a manera de broma, que tarde o temprano iba a encontrar la manera de hacer de tripas corazón.

Los emprendedores aprenden con el tiempo a lidiar con el riesgo. Después de todo, apostarle a una idea es algo arriesgado. Gabi Meron de Given Imaging reconoció esto al enfrentarse con un nuevo tipo de tecnología llamada *PillCam*. En resumen, se trata de una cámara que el paciente se traga para que tome fotos de su intestino delgado. Aunque los obstáculos de esta idea, tanto internos como externos al cuerpo (con la aceptación y aprobación de la administración de alimentos y medicamentos, FDA), eran significativos, Meron entendía que, si iba a sacar la *Pillcam* al mercado, tendría que pensar muy en grande. Es decir, debía ser un revolucionario. Así que trabajó fuerte por el desarrollo de la *Pillcam* y la envió a ser evaluada por la FDA. *Given Imaging* también lanzó el producto en tres grandes mercados (Estados Unidos, Europa y Japón) simultáneamente. Y funcionó. La aprobación regulatoria en Europa llegó más rápido de lo que lo hizo en los Estados Unidos, de manera que *Given Imaging* tuvo un flujo de ingresos. Ya que se trataba de un "producto comprobado" en Europa, la compañía fue capaz de mitigar los riesgos en Japón trabajando con socios locales.[15]

Oportunidades escondidas

Mientras que los emprendedores reciben gran parte del crédito, como lo merecen, por su perseverancia en ir detrás de las oportunidades, muchos ejecutivos exitosos encuentran posibilidades dentro de sus propias organizaciones si buscan lo suficiente. Tal fue el caso de Ryan Lance, director ejecutivo de ConocoPhillips. Al principio de su carrera fue un gerente de nivel medio que trabajó para ARCO, al norte de Alaska. Como lo explica Lance, "Necesitábamos establecer un nuevo estándar para los futuros desarrollos del norte. Dichos desarrollos debían ser más pequeños y más sostenibles con un menor impacto ambiental. Así que nos lanzamos a crear este nuevo estándar de excelencia".

El reto era bastante significativo, pero Lance y su equipo se dedicaron a él: "Acordamos un plan conceptual y lo llevamos a la administración de ARCO solicitando su aprobación. Literalmente, me sacaron de allí y me dijeron: 'Nos gusta el costo, pero no creas que puedes hacer esto. Hay muchas novedades técnicas, muchas cosas que quieres hacer a la vez, y de seguro fracasarás'. Así que nos mandaron de vuelta al tablero. Fue una derrota devastadora para mi equipo y para mí".

Pero no era el fin. Mientras que el equipo ensayaba planes alternativos, ninguno parecía tan efectivo o convincente cono su plan original. Lance dice: "Dos meses después llevamos el mismísimo plan, idéntico, de vuelta a la administración y dijimos: 'Así es como lo debemos hacer. Dennos una oportunidad para probar que podemos hacerlo'. Así que aprobaron el proyecto, lo cual le dio más ánimo al equipo. En realidad creíamos tener la respuesta, el plan correcto, y transformamos esa derrota en victoria. En efecto, el plan se desarrolló exitosamente en el campo alpino, y ha superado todas las expectativas en el curso de los últimos veinte años".

Las oportunidades valiosas vienen a aquellos que las persiguen y se aferran a ellas, aun cuando algunos no les ven futuro o éxito. Los líderes deben ver las posibilidades como algo necesario para hacer avanzar una organización hacia adelante. Y, cuando una oportunidad fracase, un líder con mente atenta aprenderá de esa experiencia y la tendrá en cuenta en su próximo emprendimiento.

Consideración de cierre: oportunidad

Las oportunidades llegan a quienes las buscan y están dispuestos a trabajar duro para que se hagan realidad, incluso cuando las posibilidades de triunfar son casi nulas. Los líderes están atentos a las oportunidades, pero su aproximación a ellos es más que oportunista. Es integral. Buscan crear oportunidades tanto para ellos como para los demás.

Sin embargo, las oportunidades no caen del cielo. Aunque alguna vez sean el resultado de eventos fortuitos, casi siempre surgen a partir de una combinación de consciencia y compromiso con la disciplina. Es decir, un líder reconoce el potencial de una idea y luego trabaja duro para cumplirla.

Oportunidad = Necesidad + Solución

Preguntas de liderazgo:

- ¿Qué nuevas oportunidades estás buscando y por qué?
- ¿Qué tanto estás triunfando en esta búsqueda?
- ¿Qué harás para asegurarte de seguir en el camino de descubrir nuevas oportunidades?

Directivas de liderazgo

- Dale un vistazo a las oportunidades que has tenido en los últimos dos años. ¿Qué tanto las aprovechaste?
- Si no aprovechaste estas oportunidades, ¿por qué no lo hiciste? ¿Qué te llevo a actuar así? ¿Qué cosas puedes hacer distinto para asegurarte de que nuevas oportunidades vendrán?
- Una oportunidad puede venir a manera de invitación a hacer algo nuevo o puede tratarse de algo tan substancial como una nueva posibilidad de carrera. Es esencial que tengas clara cada oportunidad y que consideres los méritos puedan tener para ti. Por ejemplo, puedes estar listo para asumir otra tarea en el trabajo, pero no para cambiar de carrera. Por otro lado, puedes estar listo para volver a estudiar y hacer algo completamente diferente. Ten claras tus opciones antes de decidir lo que harás.

Factor X

El carácter no puede ser desarrollado en calma y tranquilidad. Solo a través de la experiencia del juicio y el sufrimiento se puede fortalecer el alma, la ambición inspirada y el éxito alcanzado.

Hellen Keller

Ser despedido no es lo peor del mundo

Cuando Doug Conant, quien más tarde fue nombrado director ejecutivo de Campbell Soup Company, era un joven ejecutivo de 35 años, la división para la que trabajaba fue desintegrada. "Los nuevos dueños llegaron y decidieron eliminar varias capas administrativas. De la noche a la mañana, perdí mí empleo. Fue una inmensa lección de humildad. Fui despedido de una manera muy extraña. Estaba devastado y enojado... Fui a casa a ver a mi esposa, mis dos niños pequeños y mi gran hipoteca, sintiéndome como una pobre víctima".

Pero Conant no era de los que se rinden con facilidad. "Siempre supe que si los nuevos dueños lo hubiesen querido, hubieran podido hallar la manera de darme una oportunidad, aun con el recorte de personal. No estuvieron particularmente interesados en mi futuro laboral. Dijeron: 'Bueno, ya encontrarás otro trabajo'. Para ellos era muy fácil decirlo".

La ayuda está ahí si la necesitamos. "La única cosa que hicieron que para mí fue de gran ayuda fue remitirme a un reclutador de ejecutivos que luego se convertiría en mi mentor. Fue él quien me mostró el verdadero significado que hay detrás de las palabras: '¿En qué puedo ayudar?'. Me enseñó a ver el lado amable de las cosas y a sacar lo mejor de una situación difícil. Bajo su tutoría, pude dejar el sentimiento de víctima para ir a un lugar en el cual avance proactivamente en mi carrera".

La inspiración viene de distintas maneras. "Siempre he disfrutado leer las novelas del oeste *(western)* de Louis L'Amour. En uno de sus libros, uno de sus personajes principales dice: 'nunca supo cuando había sido derrotado, por eso nunca le pasó'. Esa cita inspiró la mentalidad que apliqué en mi trabajo. Si nunca me sentía derrotado, realmente nunca lo estaría. Así que me levanté de nuevo y mi consejero ejecutivo de transición me impulsó a llevar a cabo la mejor búsqueda de empleo posible y poner toda mi energía en esa tarea. Así lo hice y fue muy duro, pero productivo. Me organicé para tener un buen futuro laboral luego de haber experimentado claramente la más dura búsqueda de toda mi vida".

Una luz al final del túnel

Mark Goulston es un psiquiatra de formación y práctica. También es un exitoso *coach* ejecutivo. Con frecuencia aparece en televisión y aconseja a miles, y llega a millones más por medio de sus libros. Con todo, en su vida ha habido un alto grado de adversidad. "Mi más grande logro sobre la adversidad fue haberme salido dos veces de la escuela de medicina y haber logrado terminar. Creo que era un caso no tratado de depresión y TDAH, y la segunda vez que solicité un aplazamiento por razones médicas, el decano le pidió al Comité que me sugiriera retirarme (pues estaba aprobando todas mis clases), lo cual era un eufemismo para ser echado. Estaba en un punto de baja autoestima en mi vida y no pensaba muy claro, y tampoco podía ver mucho valor o futuro para mí".

Por fortuna, hubo otros que sí notaron la difícil situación de Mark. "En ese punto, el decano de estudiantes, William McNary (Mac), entró en la discusión y me llevó aparte. Creyó en mí cuando yo mismo no lo hacía, advirtió valores en mí que yo no notaba y vio un futuro que yo no podía ver. Lo más gratificante que alguna vez me dijo –y al venir de una fuerte, crítica y negativa recaída, fue al algo que aprecié inmensamente– fue: "Mark, incluso si no te conviertes en un doctor o no haces mayor cosa con tu vida, aún estaré orgulloso de haberte conocido, pues tienes bondad y generosidad en ti, y no sabes cuánto necesita el mundo de eso, y no lo sabrás hasta que tengas 35 años.

La clave está en llegar a los 35. Y una última cosa, Mark, y mírame: 'Mereces estar en este planeta. ¿Me entiendes?'".

Mark entendió y, de repente, el Dr. McNary fue a defenderlo. "Mac apeló mi petición y fue aceptada. Me fui a hacer una práctica médica en la Clínica Menninger, en Topeka, y descubrí que podía llegar a niños esquizofrénicos en el hospital de Topeka en gran medida como Mac había llegado a mí".

Mark cree en devolver lo que alguna vez recibió. "Y ese ha sido mi trabajo de vida desde aquella vez, y lo que me llevó, treinta años después de la predicha edad de 35, a cofundar Heartfelt Leadership, donde nuestra misión es "atreverse a creer", tal como Mac lo hizo alguna vez conmigo".

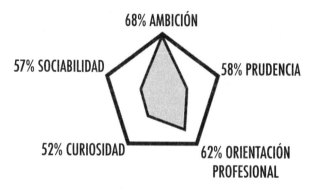

FACILITADORES DE PERSONALIDAD
DE ACUERDO CON LOS DATOS DE LA FIRMA *DEVELOPMENT DIMENSIONS INTERNATIONAL*, LOS EJECUTIVOS SON MÁS EXIGENTES QUE LOS NO-EJECUTIVOS EN LOS SIGUIENTES ATRIBUTOS:

68% AMBICIÓN

57% SOCIABILIDAD

58% PRUDENCIA

52% CURIOSIDAD

62% ORIENTACIÓN PROFESIONAL

FUENTE: *DEVELOPMENT DIMENSIONS INTERNATIONAL , INC.* 2013.[1]

Factor X. Cada uno de nosotros tiene un conjunto único de talentos y habilidades que empleamos para abrirnos camino en el mundo. Más que talento, incluye aquello que te hace único: tu carácter, tus convicciones y tus creencias personales. Considera a este *set* tu factor X: lo que te permite hacer lo que haces y hacerlo bien. En pocas palabras: los factores X reúnen "las herramientas correctas del liderazgo".

La más novedosa medida del legado de un líder es su efectividad o su habilidad para cambiar la situación y dejar las cosas en un mejor estado que en el que las encontró. Si ese es el criterio, entonces sin duda Margaret Thatcher se perfila como una líder que merece ser recordada.

Margaret Thatcher

Cuando Thatcher se convirtió en Primer Ministro del Reino Unido en 1979, el país estaba en crisis. Muchos lamentaban la caída de una nación que alguna vez estuvo tan orgullosa de su estatus. La economía estaba débil, los sindicatos mantenían los negocios amordazados, y las normas y reglamentos arcanos debilitaban empresas y amenazaban la supervivencia de muchos.

Cuando Thatcher terminó su mandato en 1990, la cara le había cambiado a la Gran Bretaña. Como lo dijo Alistair MacDonald en la columna que escribió para el *Wall Street Journal* recordando a Thatcher, ella fue reconocida "por su papel en revolucionar una economía en crisis" –un proceso que trajo consigo "gran cambio social y división"– al igual que por la victoria de la Gran Bretaña en la Guerra de las Malvinas. Después de la guerra, Thatcher dijo: "hemos dejado de ser una nación en retirada".

En efecto, "retirada" no era una palabra en su vocabulario. "Vine a oficiar con una intención deliberada: cambiar la Gran Bretaña de una sociedad dependiente a una autosuficiente, de una sociedad que solicitaba a una que hacía las cosas por sí sola".

Encarar los desafíos no era nada nuevo para ella. Nacida como Margaret Roberts, estudió en Oxford y se convirtió en una investigadora química. Sin embargo, la política estaba en su sangre, debido en gran medida a la influencia de su padre, Alfred Roberts, que fue alcalde de Grantham. Él fue, además, un almacenero, un pequeño negociante y un ministro metódico que valoraba la libre empresa y que gravitó hacia el partido conservador.

Margaret Roberts aspiró al oficio político, pero, cuando ya tenía edad de ejercer, en la década de los 50, en gran Bretaña la política era considerada un trabajo de hombres. Recurrió a los veteranos del partido conservador para que le dieran la oportunidad de ser la candidata del partido y fue rechazada. Al finalmente conseguir un puesto en la bancada, fue derrotada dos veces. Para ese entonces, se había casado con Denis Thatcher, un trotamundos petrolero, y era madre de dos gemelos, Carol y Mark. Se había resignado a la idea de que la política no era para ella. Empero, un puesto se abrió en Finchley, un suburbio de Londres, y ella se lanzó y ganó.

Al llegar al parlamento en 1959, fue recibida con resistencia e incluso hostilidad por parte de sus colegas masculinos. Es bien sabido que ella y Ted Heath, que luego serviría como Primer Ministro, eran rivales. Thatcher eventualmente lo reemplazaría como líder del partido conservador.

Llegando al poder

Luego de servir como líder de su partido, Thatcher llevó a los conservadores a la victoria en 1979, luego de un invierno de protestas nacionales. Durante sus dos primeros años, los niveles de desempleo crecieron y la economía cayó. Su política fue darle vía a la economía de libre mercado, en contraste con el modelo keynesiano que la Gran Bretaña había seguido durante décadas. Todo fue recibido con gran resistencia, a lo cual ella respondió: "No estoy aquí para ser querida". Con el tiempo, sus medidas funcionaron, pero la apatía de aquellos que se le oponían continuó siendo fuerte.

La oposición fue particularmente dura en Irlanda del Norte. Allí la situación había desembocado en más terrorismo, que a ratos se extendía a Inglaterra y que, de hecho, cobró la vida de Airey Neave, uno de los colegas más cercanos de Thatcher antes de que ella se convirtiera en Primer Ministro. En una reunión del partido en Brighton en 1984, la esposa de uno de sus ministros fue asesinada con una bomba que, además, dejó treinta heridos. El IRA se adjudicó la responsabilidad. Parte de su hostilidad se debía a que ella se negaba a reconocer a los prisioneros del IRA como presos políticos y, por lo tanto, estaban exentos de las regulaciones que rigen a estos. Los prisioneros del IRA hicieron una huelga de hambre en la que murieron diez hombres.

Margaret merece un reconocimiento parcial por abrir las relaciones con la Unión Soviética. Habiendo conocido a Mikhail Gorbachev antes de que se convirtiera en presidente, afirmó que él era un hombre "con el que se podía hacer negocios". Transmitió sus pensamientos a Ronald Reagan y lo instó a acercarse a Gorbachev, lo cual en efecto hizo varias veces, cara a cara, en Génova y Reykjavík. Cuando ella murió, Gorbachev dijo. "Logramos entendernos, y esto contribuyó a cambiar el ambiente entre nuestro país y Occidente, y al fin de la Guerra Fría".

Margaret Thatcher fue una figura que provocó división. A sus opositores de izquierda les disgustaba intensamente, pero de hecho acercó a los partidos opuestos. Su administración de mano dura también fustigó fuertemente a sus colegas del partido conservador. Cuando, al final, se vio obligada a dejar su cargo por medio de lo que equivalía a un golpe de estado, derramó algunas lágrimas, pero es probable que sus colegas también dejaran salir algunas. Mantuvo su templanza luego de que alguien le dijera que sus propios colegas la habían derrocado. "Así es la política, querido", respondió.

En realidad, es cierto que Thatcher fue sacada del poder por su propio partido, que se había cansado de su manejo estridente y sus terquedades. Sin embargo, ella le cambió la cara a la Gran Bretaña, y la prosperidad de los 90 se debió en gran parte a su liderazgo. Fue conocida como "la dama de hierro", un apodo que ella acogió de todo corazón, pues encerraba su manera de ser y su firme determinación.

Años gloriosos

Poco tiempo después de su mandato, en noviembre de 1990, Thatcher pasó a ser parte de la Casa de los Lores *(House of Lords)* y conocida como la Baronesa Thatcher. También le dedicó gran tiempo a su fundación y ocasionalmente comentaba algún suceso internacional. A principios del 2000, de acuerdo con su hija Carol, a Thatcher se le diagnosticó demencia, algo que fue vivamente representado en la película *La dama de hierro*, donde Merryl Streep hizo el papel de Thatcher.

Aunque pudo haberse convertido en una persona irritable, conservó su sentido del humor. Como lo señaló MacDonald, cuando, en el 2007, fue alzada una estatua de bronce de Thatcher en el parlamento, ella dijo: "hubiese preferido hierro, pero el bronce está bien".

Luego de su muerte, John Burns, un inglés que trabaja para el *New York Times* resumió su legado en *PBS News Hour* al decir: "La Gran Bretaña en la que yo viví, al despertar de la Segunda Guerra Mundial, era un país en decadencia, que había perdido por completo su autoconfianza. La señora Thatcher logró arreglar eso".

Thatcher es un gran ejemplo de perseverancia. Se mantuvo firme en sus ideas y así llevó a la Gran Bretaña a ser una nación más próspera y más respetada por su fortaleza y resiliencia.[2]

*****

Margaret Thatcher tuvo las habilidades necesarias para triunfar como política y Primer Ministra, pero quizá su mayor atributo haya sido su determinación personal. Ese es un factor X, atributos que son esenciales a tu habilidad de hacerte cargo de tu vida al igual que irradiar la autoridad necesaria para reunir a otros en torno a una causa común.

Los factores X son indispensables para el liderazgo, pues son la columna vertebral de un líder a la hora de sobresalir y ser tenido en cuenta, al igual que hacer esto con gracia y dignidad. Los líderes siempre están dispuestos. Entre más grande sea su perfil, más grandes son sus aspiraciones; sus palabras y acciones son potenciadas por los roles externos que interpretan. Es decir, las palabras de un director ejecutivo o comandante brillan por su importancia, pero también están provistas de gran significado. Tales líderes tienen autoridad y, por lo tanto, sus acciones tienen consecuencias. Aquellos que abusan del poder de su posición pierden la fe y la confianza de sus seguidores; aquellos que trabajan duro y se esfuerzan por hacer lo correcto, se vuelven influyentes. La gente quiere seguirlos, pues confía en ellos.

En este sentido, un caso pertinente es el general John Allen, quien sirvió como comandante de las fuerzas

NATO en Afganistán desde 2011 hasta 2013. Llegó allí para empezar el largo proceso de entrega de autoridad a las fuerzas afganas, a las cuales las tropas de la coalición estaban entrenando. Lo último que necesitaba eran distracciones, pero, como todo líder sabe, los que están a la cabeza de las organizaciones casi nunca tienen el lujo de elegir los problemas. Deben lidiar con la situación actual, con lo que sea que se atraviese en su camino. Una de las crisis que Allen debió enfrentar y que puso su misión en riesgo fue la quema accidental de ejemplares del Corán en Bagram Airfield. Al haber pasado mucho tiempo en el Medio Oriente y vivido inmerso en la cultura musulmana, Allen sabía que se trataba de un asunto muy serio. Después de todo, esta quema del Corán ocurrió un año después de la quema deliberada del mismo texto por parte del provocador reverendo Terry Jones en Florida, algo que fue visto por los musulmanes como una afrenta a su fe. Algunos, en especial los Talibanes, buscaban valerse de este incidente como una excusa para realizar actos violentos; y así, tristemente, ocurrió.

Como lo explica Allen: "Creí que posiblemente ese podía ser el fin de la campaña. Así que debí hablar con todo el comando para apropiarme de la crisis que se había desatado y que ahora enfrentábamos en Afganistán. Hablaba con mis comandantes dos o tres veces al día, asegurándome de que permanecieran calmados durante el proceso, dialogando con las contrapartes. Enfrentábamos tiroteos, no solo por parte de los Talibanes, que estaban tratando de sacar ventaja de esta crisis para probar que nosotros, 'los cruzados y los judíos', como nos llamaban, éramos en efecto un cáncer en su sociedad".

"Así que estábamos luchando intensamente contra los Talibanes y ahora enfrentábamos fuertes disturbios en todo el país. Sin embargo, logramos lidiar de manera exitosa con esa crisis en un lapso de seis días. Fueron seis días sin descanso. Seis días de... ir de un lugar a otro intentando calmar crisis potenciales en las cuales las tropas se hubieran podido enfrentar a tiroteos o demás infortunios". Allen también debió involucrarse en recuperar "los cuerpos de un par de mis oficiales que fueron asesinados en el Ministerio del Interior".

La manera en que un líder se muestra e invierte su tiempo durante una crisis es fundamental. Como lo explica Allen, él estaba liderando verticalmente: manteniendo informados a sus comandantes estadounidenses y NATO, al igual que al presidente. Pero también lideraba horizontalmente con el Presidente Hamid Karzai, "pasando mucho tiempo con el Presidente Karzai y su liderazgo, para ayudarle a ayudarse y ayudarle a ayudarme, cuidando que su retórica no hiciera estallar esta crisis entre el pueblo afgano".

Allen también pasaba mucho tiempo con sus comandantes. A cada rato, debía decidir en qué lugar tendría un mayor valor su presencia física. Como él mismo dice, esto es algo que deriva de la experiencia de haber sido comandante. Además del empleo de armas de fuego y el direccionamiento de maniobras, el sostenimiento del pie de fuerza y el compromiso de la reserva, "una de las funciones más importantes de un comandante es la manera en que él o ella usan su tiempo, y cómo él o ella logran distribuir la presencia del comandante para tener el mejor efecto moral posible en momentos clave y tiempos de crisis".

Allen no solo estaba conectado con el territorio, también estaba en contacto con los comandantes en Estados Unidos vía satélite. Como él mismo explica: "Mi presencia personal omnipresente en las videoconferencias con mis comandantes varias veces al día y mi presencia personal en todo el país en el momento de la crisis estuvo dirigida a mantener a todo el mundo en calma, reaccionando a la crisis de la manera en que yo quería".

Pocos líderes deberán enfrentarse al caos al que Allen se enfrentó, pero todo líder enfrentará crisis que demandan la mejor respuesta posible. Como Ryan Lance, director ejecutivo de ConocoPhillips, lo señala: "los líderes fuertes deben ser resilientes". Esto es particularmente cierto en el negocio del petróleo y el gas, que opera en un mercado de productos básicos sujetos a cambios bruscos en los precios, y en ciclos de auge y caída. Este negocio también requiere de agallas para encarar los riesgos inherentes. Cuando se trata de exploración: "tan solo esperamos tener éxito cada dos o tres intentos de excavación en un pozo convencional de exploración".

Los líderes no solo deben ser resilientes, también deben proyectar ese espíritu. Lance dice: "Debes confiar en la dirección estratégica que persigues y en los objetivos que has establecido, pues siempre tendrás imprevistos que pondrán a prueba tu templanza y dificultarán el rumbo que has establecido. Debes estar alerta, estar atento a lo que tu ambiente inmediato te está dando y, al mismo tiempo, ser consistente con las metas que te has establecido".

Los líderes deben dar claridad a las personas que conforman su organización, liberándolas de situaciones "de las cuales no deben preocuparse, dejando que los ejecutivos veteranos se ocupen de ellas", dice Lance. "Mientras que el mundo alrededor tuyo es incierto y cambiante, un líder debe mantener al equipo enfocado en la dirección correcta. La atención se desplaza a tareas específicas que están alineadas con los objetivos que tenemos que cumplir y las metas. Esas son las cosas que más motivan a un equipo y lo mantiene enfocado en la tarea en cuestión".

Estas crisis pueden ocasionar retiro de una gama de productos, el cierre de empresas o fatalidades en el lugar de trabajo que surgen de los retos del día a día. En esos casos, los líderes deben recurrir a todos los mecanismos que tengan disponibles –sus factores X–, no solo para sobrevivir, sino para mantener a su gente y a su organización unida bajo condiciones adversas. La perseverancia apoyada en la determinación no crece en los árboles, emerge del carácter y las convicciones de aquellos que están a cargo.

Es necesario tener en cuenta factores adicionales a la autoconsciencia que aporten al crecimiento personal. De acuerdo con la "Encuesta de creatividad" del año 2013 de la revista *Time*, los encuestados escogieron las siguientes como las características que más valoran en los demás:

- Creatividad, 94%

- Inteligencia, 93%

- Compasión, 92%

- Humor, 89%

Exploremos, entonces, estos atributos, uno por uno.

Creatividad

De acuerdo con la encuesta de la revista *Time*, el 71% de los encuestados dijo que tanto la naturaleza como la crianza son factores que influyen en la creatividad. El 58% dijo que esta emergía de una repentina inspiración, mientras que el 31% opinó que era algo que se desarrollaba con el tiempo. El 50% de esos encuestados afirmó que los pensamientos creativos venían a ellos a manera de fotografías, mientras que el 34% formaban sus ideas con palabras.

El 35% dijo que los Estados Unidos es líder en creatividad, en contraste con el 23% que dijo lo mismo de China y solamente el 19% que se inclinó por Japón. De aquellos que no creyeron que Estados Unidos fuera el líder —la mayoría de los encuestados—, el 31% le atribuyó el problema a los colegios, el 30% al gobierno y solo el 17% al los negocios. Adicional a esto, el 55% afirmó que la tecnología le está ayudando a los estadounidenses a ser más creativos, frente a un 32% que estuvo de acuerdo en que la tecnología es un obstáculo. En conclusión, el 62% de los encuestados dijo: "La creatividad es más importante para éxito en el lugar de trabajo de lo que se habían imaginado cuando estaban estudiando".[3]

Es evidente que la creatividad es valorada y, si las organizaciones no lo hacen, su desarrollo depende de los individuos.

Inteligencia

Ningún líder puede lograr mucho si carece de inteligencia. La inteligencia es la potencia en bruto necesaria para procesar información y darle un sentido. Mientras que el poder de procesamiento es más alto en personas de edad, la habilidad de aplicarla —conocimiento— llega con la experiencia. La inteligencia es la base de la competencia. Si un individuo carece del potencial para hacer un trabajo, entonces tiene una posibilidad muy baja de triunfar.

Sin embargo, sería un error reducir la inteligencia a meras habilidades verbales y matemáticas. Howard Gardner, profesor de Harvard, psicólogo y autor *best seller*, ha defendido la causa de las inteligencias múltiples. Las múltiples dimensiones incluyen la espacial y la cinética, necesaria para los atletas; la rítmica, necesaria para los músicos; y la interpersonal, vital para la formación de relaciones humanas, entre otras. Gardner incluso ha hablado del caso de una inteligencia existencial o moral. La definición de 'moral' depende del individuo. Esta puede ser puesta en práctica a través de creencias y prácticas religiosas o puede ser otra forma de mente atenta.[4]

La implementación de las propias inteligencias múltiples es esencial para la habilidad de liderar. Tener consciencia de la capacidad para emplear algo más que la cognición en el liderazgo amplía tu destreza creativa y te ayuda a resolver problemas y conectarte con los demás.

Compasión

Entre los textos que hablan sobre liderazgo hay muchos artículos, incluso libros, que tratan sobre el poder de la pasión. Mientras que la pasión es esencial para el éxito laboral —debes amar lo que haces—, la compasión es el elemento, como lo muestra la encuesta de la revista *Time*, que otros valoran. Las personas quieren que su líder se preocupe por ellas.

La compasión es una virtud enraizada en la dignidad de un individuo. Cuando te preocupas por alguien y le brindas cuidados, le estás diciendo que vale la pena y que quieres hacer algo para ayudarle. Son esas pequeñas cosas las que cuentan.

La compasión adopta muchas formas. La vemos cuando varios empleados aportan una cuota para ayudar a un colega que está necesitado. A veces, la ayuda puede venir en forma de una donación para una dificultad o gasto médico. Otras veces vemos a coequiperos ofrecerle a uno de sus colegas asistencia limpiando su casa o haciendo algunas compras. Y, muchas veces, cuando un empleado está por fuera, sus colegas se pondrán de acuerdo para cubrirle la espalda y asegurarse de que su trabajo esté listo a tiempo.

Humor

La vida es dura y el trabajo también. Es cierto, sí, ¡pero no por eso menos relevante en nuestra vida diaria! Esa es la razón por la cual las personas valoran mucho los momentos en que pueden reír. El humor enriquece nuestras vidas. Aquellos que pueden ver una situación —ya sea en el trabajo, en la casa o en un juego— y sacarle humor, son esas personas con las que nos gusta estar.

Cada primavera, un grupo de mis amigos (que viene de Michigan) viaja al sur para jugar golf. A decir verdad, ninguno de nosotros es muy bueno, pero lo que nos une no es el juego, sino la camaradería. La risa es el estímulo que alimenta esa amistad. Nos trae mucho placer bromear entre nosotros y nos reímos a carcajadas, como quinceañeros, de lo que todos dicen. Lo que recuerdo de estos viajes no son las canchas ni lo hoteles ni la comida, que son muy buenos. Recuerdo la sensación de ligereza que compartimos cuando estamos juntos.

El sentido del humor es uno de los buenos atributos que puede tener un líder. Esto es especialmente cierto cuando el líder vuelca ese sentido del humor sobre sí mismo. Un líder que puede reírse de sus errores y burlarse de sí mismo es alguien que confía en sus habilidades y que, al mismo tiempo, proyecta un sentido de humanidad y de diversión que atrae a la gente hacia él.

El humor es un gran lubricante. Es una manera de facilitar la conversación y hacer sentir cómoda a la gente. Un maestro de esta técnica fue Franklin Roosvelt, que proyectaba una personalidad cálida; esto complementaba su sentido de optimismo. También gozaba averiando los egos de las personas en el poder, aquellos que se creían mejores que el resto de nosotros. Aunque era un burgués de cuna, como presidente, Roosevelt sabía cómo dirigirse al hombre del común, y a ratos el humor lo hacía parecer uno de nosotros. Ese era uno de sus secretos para conectarse con el público estadounidense.

Sin embargo, ten cuidado de volcar tu humor en los demás. La burla humillante puede erosionar la autoconfianza de otros, en especial si quien hace el chiste es el jefe. Esto tiene un efecto debilitante en la seguridad del subordinado. Puede que otros también se burlen del tema y tengan una visión menor del individuo, incluso compadeciéndolo. Eso es mortal.

Ambición

Aunque la encuesta de la revista *Time* ubicó la ambición a un nivel más bajo (88%, en comparación con otros atributos que recibieron una votación de más del 90%), uno de los factores que explican esto puede ser que la gente haya votado por atributos valorados en los demás. Puede que a algunos de nosotros no nos agrade la ambición en los demás, pues concebimos a las personas muy ambiciosas como autoritarias o desagradables. Y, aunque este tipo de personas a ratos pueden irritarnos, la ambición es un componente esencial del deseo personal. La ambición engrandece nuestras motivaciones internas, potencia nuestras acciones y nos impulsa a hacerle frente a los desafíos del día.

Las mujeres en puestos ejecutivos a menudo se enfrentan a reacciones violentas en relación con la ambición. Hay un juego que suelo enseñar en mis clases, en el cual le pido al grupo describir a un ejecutivo que sea rudo y agresivo. Tal persona a menudo es descrita como agresiva, pero de una manera positiva. Sin embargo, en el caso de una mujer, esta puede ser descrita, en contraste, como un "infierno sobre ruedas", y eso no es un cumplido.

Las mujeres con frecuencia deben proyectarse de una manera más blanda, mientras que los hombres ambiciosos pueden salirse con la suya siendo laboralmente agresivos. Esto no es justo, y resulta en que muchas mujeres deban esconder sus habilidades para no ser catalogadas como "demasiado ambiciosas". Tristemente, necesitamos de líderes que sean tan audaces como asertivos. La ambición enfoca la energía en las metas laborales, pero también proporciona un estímulo para la acción y la ejecución.

Curiosidad

Aunque la curiosidad no fue mencionada en la encuesta de la revista *Time*, muchos líderes la valoran y la buscan en los demás. De acuerdo con Ryan Lance, un líder curioso es aquel que trata de entender por qué las cosas son como son. Jim Haudan, director ejecutivo de Root, dice que la curiosidad "en un deseo insaciable de entender y preguntar e insistir y responder. Dame a alguien que sea curioso y eterno aprendiz y te daré a alguien a quien podemos entrenar de cualquier manera necesaria para ser exitoso en nuestro negocio".

Un líder curioso siempre está haciendo preguntas. Hace esto como un medio de descubrimiento, de provocar una idea. Un líder curioso es aquel que busca posibilidades donde otros no las han visto. Como lo señala Haudan, la humildad complementa la curiosidad. Un líder humilde admite no tener todas las respuestas y es paciente a la hora de explicarles cosas a los demás, en especial a los que no entienden el concepto la primera vez. Haudan dice: "Un líder humilde considera a las personas en el momento en el que están, no donde él espera que estén. Estos líderes intentan entender lo que se siente "no saber", para así poder transmitir el complejo lenguaje de la estrategia por medio de un lenguaje de sentido común".

La curiosidad es un fuerte catalizador para los líderes que buscan tener un cambio positivo. Las preguntas son como el comienzo de la exploración. Un líder curioso no espera una única respuesta, sino una exploración de posibilidades que puedan llevar a nuevos descubrimientos al igual que a nuevas soluciones.

Carácter

Aunque los atributos precedentes son muy importantes, ninguno lo es más que el carácter. Sin este, un individuo carece de columna vertebral. Una de las mejores definiciones de carácter que he encontrado viene de Jeff Nelson, quien estableció el programa *OneGoal* en Chicago, programa enfocado en ayudar a personas jóvenes con discapacidad a triunfar en la secundaria y luego en la universidad. Los elementos del carácter, como lo ve Nelson, surgen de cinco aspectos: integridad, resiliencia, recursividad, profesionalismo y el que acabamos de descubrir: ambición.

En una columna para Forbes.com, puse estos atributos en forma de preguntas que los líderes deben hacerse. Las presento a continuación:[5]

1. *¿De qué manera manifiesto mi integridad?* ¿Tan solo hablo sin actuar o llevo a cabo acciones, aunque esto implique un gran sacrificio?

2. *¿Cómo demuestro mi resiliencia?* Cuando nuestro equipo enfrenta un duro obstáculo, ¿qué clase de ejemplo doy?

3. *¿Qué tan recursivo soy?* Cuando nos enfrentamos a recursos limitados, ¿qué hago para que mi equipo saque lo mejor de estas circunstancias?

4. *¿Desempeño mi rol como un verdadero profesional?* ¿Me mantengo informado sobre mi área de experticia, actualizado sobre las tendencias, y llevo a cabo acciones en representación de mi equipo?

5. *¿Funciona mi ambición a mi favor o en mi contra?* Es decir, ¿acaso mi lucha por triunfar inhibe mi habilidad de trabajar bien con mis colegas y ayudarles?

Tales preguntas nos hacen pensar en el carácter que exhibimos a los demás. Después de todo, como es bien sabido, el liderazgo se trata de percepción, de la manera en que nuestros seguidores nos perciben. Los líderes también concentran sus esperanzas en el carácter de otros. Chester Elton cuenta una historia sobre su exjefe, Kent Murdock, director ejecutivo de *O.C Tanner*, compañía donde Elton trabajó por casi dos décadas.

Como lo pone Elton, Murdok siempre fue genial diciendo: "'Apuéstale al carácter'. Así que cuando Adrian [Gostick] y yo estábamos escribiendo estos libros y nos encontramos con distintos obstáculos y dificultades, siempre nos llamaba en privado y decía: 'No se preocupen por la percepción ni por lo que la gente diga. Yo he apostado por su carácter, y ambos tienen uno muy fuerte. Ya lo resolverán'". Era brillante, dice Elton. "Kent nos instaba a resolver los problemas, pero básicamente estaba diciendo que contábamos con su apoyo. Nunca quisimos decepcionarlo. Sabíamos que creía en nosotros. Y, en retorno, nosotros creíamos en él".

Fernando Aguirre, quien trabajó como director ejecutivo de Chiquita Brands, pasó la primera parre de su carrera en Procter & Gamble (P&G). Le agradece a P&G el haberle enseñado a valorar el carácter. "Todos podemos aprender, aprender y enseñar habilidades funcionales. Sin embargo, considero que tener el carácter correcto, tener la actitud correcta inscrita en tu ADN, es aún más importante que esas habilidades". Para identificar el carácter de la gente joven, es posible echar un vistazo a su experiencia en la escuela y la universidad al igual que en otras actividades como deportes, artes y servicio a la comunidad.

Al contratar ejecutivos, Aguirre dice que aprendió a descubrir el carácter escuchando a los candidatos hablar sobre sus experiencias laborales. Hablar mal de sus empleadores y supervisores previos es una señal de que ese individuo no es un jugador en equipo. Dice: "Puedes hacer las suficientes preguntas para desenmascarar a la gente de esta manera. Yo suelo entrevistar a la gente durante una hora y, si me caen bien, me quedo media o una hora más...". Luego, los lleva a almorzar o a comer. "Observo sus hábitos... y cómo se comportan", dice Aguirre. No todo el mundo llega hasta aquí. "Tuve entrevistas en las que, luego de veinticinco minutos, dije: 'Bueno, gracias por venir', y mi asistente sabía de inmediato que este candidato no iba a ser contratado".

El carácter hace a una persona, pero no existe por sí solo. Lo vemos manifestarse en atributos que lo respaldan. Considera los siguientes atributos.

Resiliencia

No hay ninguna vergüenza en ser derrotado. Lo que importa es lo que haces después de esto. Un hombre que sabe bien lo que es ser puesto al límite es el General John Allen, un veterano de múltiples guerras. He aquí su descripción de un momento definitivo que vivió en Irak en el surgimiento de lo que fue conocido como "El despertar de Anbar".

Recuerdo que, en una ocasión particular, tuvimos un muy mal día en Fallujah y sus alrededores. Regresé a mi puesto de mando y me senté. La temperatura era altísima. Me ubiqué en los escalones frente a la habitación en la que vivía. Era un viejo y socavado puesto de mando iraquí. Ahora era nuestro puesto de mando. Para los estándares de la marina, era un buen lugar donde vivir, pero no era muy lindo. Así que me senté en los escalones de esa construcción, exhausto y muerto de calor. Para ese entonces, aún estábamos en Humvees, no en MRAPS [Vehículos de asalto resistentes a minas], y por lo tanto teníamos menos protección.

La temperatura en un Humvee podía ascender a los 135 ó 140 grados Farenheit sin mayor dificultad.

Habíamos tenido un muy mal día y nos habíamos enfrentado a muchos imprevistos por todo Al Anbar. Yo recuerdo sentarme ahí en las escaleras con mi cabeza en entre las manos y mi casco a un lado. Creo que el casco estaba a mi derecha bocarriba, de manera que descansaba sobre la punta, y mi carabina M4, mi rifle, yacía a su lado. Estaba sentado ahí pensando 'Dios mío, soy el oficial general en lo que parece ser una causa malograda. Voy a ser parte de una guerra perdida'. De repente, vi algo, abrí mis ojos y miré hacia abajo, donde la sangre fluía de mi nariz. Los factores se habían unido: la temperatura, el ambiente, la presión eran tan fuertes que los capilares de mi nariz se habían abierto y ahora se formaba un charco de sangre bajo mis pies. Pensé: este no puede ser el momento en el que me rinda. Este tiene que ser uno de esos momentos, un momento histórico, en el que debo buscar dentro de mí la manera de darle un giro a las cosas.

Allen persistió. Llevó a cabo su misión y, como resultado de un esfuerzo como el suyo y el de miles de otros marines y soldados, la marea de la guerra se tornó, en 2007, en lo que fue conocido como "el despertar de Anbar". Anbar era apoyado por "la oleada", un esfuerzo que permitió decretar paz en Irak y el eventual retiro de las fuerzas de la coalición.

Coraje

Muchos líderes han señalado que el coraje no es la ausencia del miedo, sino el manejo de este. John Kennedy, que se lastimó severamente la espalda y perdió su barco en el Pacífico sur durante la Segunda Guerra Mundial, creía que el coraje era algo que debía ser cultivado. "El coraje de la vida", escribió Kennedy, "es, con frecuencia, un espectáculo menos dramático que el coraje de un momento final, pero no es menos que una magnífica mezcla de triunfo y tragedia. Un hombre hace lo que debe –a pesar de las consecuencias personales, a pesar de los obstáculos y peligros y presiones– y esa es la base de toda moralidad".

A mi manera de ver, la definición de Kennedy es más cercana a la realidad que muchos de nosotros enfrentamos. Para nosotros, el coraje significa escoger un trayecto moral: poner lo correcto por encima de lo urgente. En ese sentido, tomamos decisiones que vayan acorde con nuestras convicciones y hacemos sacrificios que, en un principio, pueden herirnos, pero que a la larga nos aportan carácter. Los líderes de verdad también emplean su coraje en servicio de los demás. Se esfuerzan al límite para hacer que avance la carrera de alguno de sus subordinados o incluso salvar el trabajo de los demás sacrificando parte de su compensación para que uno, dos o incluso más puedan conservar su empleo en tiempos difíciles. El coraje puede presentarse de muchas formas y es integral para la habilidad de liderar a los demás.

Confianza

Todos los factores que hasta ahora hemos discutido son esenciales para el desarrollo personal, pero hay un factor X adicional que es fundamental para unir estos atributos de una manera constructiva. Se trata de la confianza. Un líder sin confianza es como un barco sin timón, a la deriva, sin rumbo. Hay muchas maneras de pensar en la confianza, pero me gusta pensar en ella como el espíritu interno de "poder hacer". Surge desde muy adentro de cada uno de nosotros.

La confianza emerge de nuestros logros. Surge de lo que hemos hecho y de lo que hemos aprendido, de manera que, cuando enfrentamos el siguiente reto, tenemos una reserva de algo dentro de nosotros que dice: "Sí, puedo hacer esto". Considera la confianza como un músculo. Cuando estás empezando tu carrera, ese músculo puede estar subdesarrollado. Sin embargo, con lo que vas logrando, ese músculo se va volviendo más fuerte e incluso se fortalece con esfuerzos que no salen muy bien.

Por mucho que la confianza sea interna, tiene dos aplicaciones externas. Cuando tienes confianza en ti mismo, los demás lo notan y, cuando unes eso a lo que has hecho bien, ellos van a creer en ti. Su confianza habla bien de ti y a la vez te aporta a ti mismo confianza.

Hay un tercer aspecto de la confianza que se presenta cuando eres capaz de incitarla en los demás. Rememoro algo que Keneth Duberstein, que alguna vez sirvió como jefe de equipo del Presidente Ronald Reagan, dijo sobre el saliente presidente. Él aseguró que uno de los dones de Reagan era la habilidad de hacer que las personas confiaran en sí mismas y en sus habilidades. Cuando le gente cree en sí misma, todo es posible.[6]

Esta visión es fundamental para el entrenamiento deportivo. Con mucha frecuencia, el trabajo de un entrenador, además de planear jugadas y motivar a los jugadores, es lograr que su equipo conjugue exitosamente sus habilidades colectivas. Es decir, si juegan unidos, tendrán éxito. La confianza es imperativa, pero los jugadores deben confiar primero en sí mismos para poder creer en su equipo.

Sin embargo, por supuesto existe la confianza mal enfocada. Alguien que no está consciente de la manera en que los demás lo perciben puede caer en el exceso de confianza. Puede que este individuo no lea las señales que los demás le están enviando. Piensa en Michael Scott en la comedia televisiva *The Office*. Scott (interpretado por Steve Carell) confía demasiado en sus habilidades, pero está tan ensimismado y en tan poca sintonía con los sentimientos de los demás, que no se da cuenta de que ellos lo ven como un bufón. Individuos así pueden ser excesivamente confiados o incluso arrogantes, pues no se ven a sí mismos como los demás lo hacen.

Cuidado con los falsos dioses

Como lo vimos en el capítulo 1, tener una mente atenta requiere de práctica, pero también de humildad. En este sentido, podemos remitirnos a la historia para ver algunos ejemplos de líderes que no fueron capaces de mantener sus egos bajo control. Un excelente ejemplo es Alejandro Magno. Luego de conquistar una buena parte de lo que se conocía como "el mundo conocido", Alejandro empezó a pensar en sí mismo como un dios (para ser justos, en tiempos de los griegos y los romanos habían múltiples deidades, así que la línea entre la mortalidad y la inmortalidad —al menos en la imaginación de uno— era muy delgada, en especial para las figuras heroicas).

No obstante, como señala Quintus Curtius Rufus, un historiador romano, en *La historia de Alejandro*, el conquistador empezó a actuar de más, "castigando" a aquellos en los que no confiaba. Curtius dice: "El éxito puede alterar la naturaleza propia y es raro que alguien sea lo suficientemente precavido de respetar su propia buena fortuna". Mientras tanto, en Persia, Alejandro empezó a exigir que sus subordinados se postraran ante él, como era la costumbre allí. Más tarde, su ejército en India se rebeló, negándose a avanzar. Querían volver a casa. Se tramaban planes de asesinato en su contra. Murió en Babilonia, probablemente envenenado, aunque esa es una teoría no probada.

Lo que no se discute es que el ego de Alejandro, como el de muchos líderes que terminan en callejones sin salida, le costó la lealtad de muchos de sus seguidores. También afectó su legado. Muy poco de lo que había conseguido pudo ser conservado por sus herederos, y su imperio se disipó.[7]

Un líder requiere de gran esfuerzo para mantenerse humilde. La humildad surge de la perspectiva, y parte de esa perspectiva viene de conocer las propias limitaciones. Como dice Fernando Aguirre: "Cuando me convertí en director ejecutivo, me di cuenta de que me tomó uno o dos años aprender a serlo, y es sorprendente la manera en que llegas a esos niveles. Más tarde en tu vida, te das cuenta de que quizá no estabas tan preparado o listo como debiste haberlo estado. Un aspecto muy importante aquí es darte cuenta de la influencia que tienes en los demás". Aguirre resalta el hecho de que los directores ejecutivos de compañías públicas están bajo estricto escrutinio, en especial en la era de las redes sociales, donde los buenos y malos comportamientos pueden ser divulgados. Los líderes veteranos también están sujetos a críticas. "Algunas personas hacen críticas constructivas, pero otras no", dice Aguirre. "Solo debes estar alerta, pues cualquier cosa que digas puede ser utilizada en tu contra". De manera que se trata de un aspecto muy importante del liderazgo, en mi opinión. Debes estar atento a ti mismo y a la vez de los demás, pues puedes estar teniendo un impacto en ellos sin saberlo".

Por un lado, a algunos líderes les hace falta lo que todo líder debe tener: un sentido de humildad. La humildad es una virtud que, en nuestro mundo hipercompetitivo, a veces es dejada de lado. Para el inexperimentado, la humildad es una señal de debilidad. La verdad es lo totalmente opuesto: la humildad es una señal de fortaleza. Piénsalo de esta manera: ser lo suficientemente humilde como para admitir tus dificultades y errores no te hace débil; en cambio, prueba que tienes un alto grado de autoconsciencia.

Consideración de cierre: factor X

Los factores X descritos en este capítulo han sido pensados como puntos de partida. Aunque son muy importantes, de seguro podrás hallar otros factores que contribuyan al éxito, al tuyo y al de los demás. El reto que esto implica es encontrar dichos factores e incorporarlos al líder que llevas dentro. Así podrás liderar de una manera que atraiga a la gente hacia ti y, juntos, obtener los resultados deseados.

La suma de tus factores X te da el fundamento de hacer lo que haces mejor que cualquier otro. Tu factor X puede incluir un talento, es decir, la propensión a hacer algo bien. O puede tratarse de una habilidad, como la facilidad de trabajar con datos. Entender tu factor X es esencial para tu desarrollo.

Tus factores X serán aquello por lo cual la gente te conocerá y contará contigo. Por ejemplo, si eres el tipo de persona que puede mantener a la gente enfocada en una tarea, eso te hará una reputación. De igual manera, puedes ser del tipo creativo, el que piensa en ideas para hacer las cosas de una mejor manera.

Busca la manera de perfeccionar tu factor X. Busca oportunidades para mejorar lo que haces. Esto puede darse a través del lugar de trabajo o por medio de entrenamiento adicional. También puedes adquirir más habilidades estudiando. Otra manera de hacerlo es tomando nuevas responsabilidades. Puedes hacer esto convirtiéndote en un líder de equipo o proyecto. Asumir tal rol te instará a expandir tu set de habilidades, en especial cuando apela a conectarse con los demás (como veremos en el capítulo 4).

La suma de los logros de un líder es la manera en que este afectó positivamente la organización. Se trata del legado de un líder y está basado en el fundamento del carácter, la ambición, la resiliencia y la perseverancia.

Factores X = las cosas correctas

Preguntas de liderazgo

- ¿Qué estás haciendo para aprovechar los atributos de tus factores X?
- ¿Qué estás haciendo para emplear el talento que tienes a las habilidades que posees?
- ¿Qué puedes hacer para asegurarte de seguir descubriendo nuevas oportunidades de crecer y desarrollar tus talentos y habilidades?

Directivas de liderazgo

- Busca maneras de enfocar tu carácter en acciones. Procura enfatizar tus convicciones

---

internas dando un ejemplo que los demás quieran seguir.

- Encuentra oportunidades para aplicar tu imaginación. ¿Existen tareas que puedas reducir o eliminar para hacer otra cosa de manera más eficiente?

- Busca ejemplos de compasión en tu comunidad. ¿De qué manera las personas que respetas demuestran compromiso hacia otras para hacer una diferencia positiva?

- Alégrate. El trabajo duro es, claro, duro, pero eso no quiere decir que no puedas tener un poco de humor para relajar el ambiente.

- La ambición potencia tu rumbo. ¿Qué estás haciendo para poner tu ambición a andar sobre ruedas? ¿Tus ambiciones obedecen a las razones correctas?

- La confianza es un sentimiento que adquieres cuando reflexionas sobre tus logros. ¿Cómo la estás demostrando en el trabajo?

- Haz tu propia lista de factores X. ¿Qué es importante para ti y por qué?

Innovación

Las decisiones personales o de inversión no esperan a que el panorama se aclare.

Andy Grove

Haz que el cambio funcione para ti

Ryan Lance, director ejecutivo de ConocoPhillips, cree que las personas deben pensar más allá de lo que inicialmente consideran posible. "Le digo a las personas que la naturaleza humana no es muy amigable hacia el cambio, así que a mucha gente le gusta la manera convencional de hacer las cosas. Con todo, yo digo que el cambio está directamente ligado a la oportunidad. Si buscas la oportunidad en lo cambiante, siempre la encontrarás. Puedes pasar mucho tiempo buscando los elementos difíciles del cambio, pero las oportunidades siempre están ahí. En nuestro negocio, siempre hay un principio más que es importante y es: sigue el capital o sigue el crecimiento. Quieres ir donde los negocios estén prosperando, donde esté el crecimiento, donde esté el capital".

El cambio es algo que Lance ha adoptado a lo largo de su carrera. "Al mirar atrás y evaluar mi propia experiencia, muchas de las mejores movidas profesionales que hice las hice en momentos de cambio. Específicamente, hace una década trabajé en la integración de varias fusiones. No se trató de trabajo glamoroso, pero me puso en una posición de primera línea cuando fusionamos Conoco con Phillips para crear ConocoPhillips.

Si no te arriesgas, no harás la diferencia. Se trata de un mantra que le ha servido bien a Lance. "Este trabajo me dio una oportunidad única de conocer nuevas personas en ambos lados de la compañía, pues yo venía de una tercera compañía que hizo parte de la fusión. Pude ver cómo operaba cada compañía, cómo administraban su negocio y de qué manera tomaban decisiones difíciles de asignación de capital, personas y recursos. Aprendí mucho acerca de las funciones que apoyaban el principal negocio de ingeniería y operaciones, tales como finanzas, leyes y recursos humanos. Estuve empapándome de muchas facetas del negocio a medida que pasaba por ellas. De nuevo, en ese momento no parecía una tarea glamorosa, pero muy a propósito me puse en una posición en la cual pude obtener información acerca de los negocios y las diferentes culturas de las empresas. Al final, estaba mucho mejor preparado para triunfar en la nueva compañía fusionada a medida que avanzábamos".

Saca el máximo partido de los desafíos

Fernando Aguirre, exdirector ejecutivo de Chiquita Brands, era un ejecutivo en ascenso de Procter & Gamble cuando le dieron la oportunidad de ir a Brasil para ver si podía darle un giro a los servicios en decadencia allí. Luego de que Aguirre presentara su plan de giro a tres años, el director ejecutivo de *P&G*, Edwin Artzt, dijo: "Fernando, eso es genial, pero tres años es inaceptable. Quiero que lo hagas en un año". Aguirre tuvo sus dudas. "Pero eso no se lo dije a nadie. Para ese entonces, era joven, crédulo y resiliente. Y me dije: 'Bueno. Algo se me tendrá que ocurrir'".

Artzt también le dio permiso a Aguirre de llamarlo si necesitaba ayuda. Le dijo a Aguirre: "Tienes una línea directa para contactarme en cualquier momento que lo requieras y cuando debas tomar otra decisión que no puedes consultar con nadie más". Pero Artzt no le dio a Aguirre un cheque en blanco. El giro debía darse en un año, o *P&G* podría cerrar en Brasil, lo cual sería el fin de las carreras de Aguirre y sus colegas brasileros.

Aguirre no solo se encontraba en un marco de tiempo muy corto, sino que debía hallar una manera de hacer triunfar a una nueva fábrica que produjera pañales Pampers. Sus pérdidas estaban acabando con las operaciones en Brasil. Una de las razones era que la línea de productos era bastante diversa, distintos pañales para niños y niñas, ambos de varios tallas. Aguirre y su equipo redujeron la línea de productos a un solo tipo de pañal unisex con solo tres tallas: pequeño *(S)*, mediano *(M)* y grande *(L)*. Este ajuste hizo la magia.

Como lo explica Aguirre: "Incluso rebasamos el primer año. El segundo año ganamos $8 millones de dólares. Hicimos $25 millones el tercer año y en mi cuarto año ganamos $45 millones de rentabilidad y los ingresos fueron de $450 millones. Eso hizo de mi carrera un éxito".

LAS INVESTIGACIONES DICEN QUE...
EN LAS VEINTE COMPAÑÍAS MÁS IMPORTANTES EN LIDERAZGO, LOS ENCUESTADOS DICEN QUE:

80%	78%	71%
VEN A LOS EMPLEADOS QUE TRABAJAN EN NUEVOS PROYECTOS PATROCINADOS POR LA COMPAÑÍA COMO AQUELLOS QUE TIENEN LA MISMA IMPORTANCIA QUE LOS QUE CONDUCEN LA MEJORA OPERATIVA.	LES DAN A SUS EMPLEADOS TAREAS CREATIVAS EN LUGAR DE UNAS ESTRECHAMENTE DEFINIDAS.	LES DAN OPORTUNIDADES ESTRUCTURADAS A SUS EMPLEADOS JÓVENES PARA QUE PUEDAN HACERLE LLEGAR IDEAS NOVEDOSAS A LOS LÍDERES DE ALTO RANGO.

FUENTE: *BEST COMPANIES FOR LEADERSHIP, HAY GROUP*[1]

Innovación. Los individuos con MOXIE no están contentos con el *statu quo*. Ellos están buscando aprender habilidades de forma continua y nuevas formas de aplicarlas.

Sergio Marchionne

No parece un magnate del automóvil, con su suéter, su cigarrillo y su ropa ligeramente arrugada. En este caso, las apariencias engañan. Puede ser el ejecutivo de autos con el trabajo más desafiante del mundo: resucitar las fortunas de dos flamantes fabricantes de autos: Fiat y Chrysler. Su nombre es Sergio Marchionne y, como director ejecutivo de ambas fábricas, lideró un esfuerzo de giro que dejó anonadados a aquellos que no lo conocían, aunque no sorprendió mucho a quienes ya les era familiar su historial.

Marchionne nació en Italia pero emigró hacia Toronto con su familia cuando era un adolescente. El hecho de no hablar inglés fue un gran obstáculo, y sus años como adolescente en el colegio no fueron de gran éxito académico. Con todo, a diferencia de otros de su misma edad, él tenía una habilidad impresionante con las cartas. Acompañaba a su padre al club local de solidaridad italiana y jugaba partidas de póquer con los mayores. Su tolerancia al riesgo era alta y se mantenía tranquilo, dos rasgos que le permitirían permanecer en una buena posición durante su carrera.

Luego de terminar la escuela, fue a la universidad y allí se graduó como químico. Consiguió un trabajo con una compañía suiza y terminó trabajando en varios puestos de manufactura en Brasil y Europa. Marchionne probó ser un experto administrador y acabó por dirigir SGS, una filial suiza de Fiat. Él le dio un giro a la compañía, lo que le valió la convocatoria de la alta dirección de Fiat.

A medida que llegaba el siglo XXI, la compañía que había marcado la destreza de la fabricación italiana –y que también estaba involucrada en muchos otros negocios– estaba naufragando. Las pérdidas económicas más grandes se hallaban en el caso de Fiat Auto, y a Marchionne se le encargó este caso. La urgencia era el día a día, pues la compañía se acercaba a la insolvencia. Algunos ejecutivos se habrían rendido a la presión. Marchionne hizo todo lo opuesto: prosperó.

Jennifer Clark, que hizo un perfil de Marchionne en su libro *Mondo Agnelli: Fiat, Chrysler and the Power of a Dynasty*, escribió: "La inusual habilidad de Marchionne es que puede ver lo que en realidad debe hacerse y luego persuade e incita a su gran estructura de docenas de reportes de fin de semana hacia alcanzar ese objetivo". Un analista de UBS lo expresa mejor: "Marchionne no se rinde. Esa es su fortaleza. Es bueno en la estrategia *pero también* en la ejecución". Bajo el liderazgo de Marchionne, tanto Fiat como Chrysler han dado un giro, al menos por ahora.

El balance entre visión y ejecución es similar a aquel entre el pensamiento de los lados derecho e izquierdo del cerebro. Un visionario piensa sobre lo que puede ocurrir; ve el futuro en términos muy específicos, no solo en resultados, sino en lo que implicará alcanzarlos. La ejecución se trata de poner a las personas en el lugar correcto y proveerlas con recursos para triunfar. También implica exigir resultados.

Marchionne puede ser un jefe exigente. Espera que sus principales ejecutivos den todo de sí, incluyendo trabajar los fines de semana. El trabajo es duro, pero él se somete a los mismos estándares que espera de su equipo. Cuando Marchionne asumió la dirección de Fiat y Chrysler, rodaron algunas cabezas. Estando ambas empresas en una situación de desespero, se necesitaban acciones contundentes. En tiempo de crisis, con frecuencia un líder debe actuar rápido. Sin embargo, además de eso, también se debe decir que Marchionne tiene un sentido de humildad. Cuando le habló a los empleados de Chrysler por primera vez, en el 2009, les dijo que necesitaba de sus ideas y su esfuerzo para triunfar.

A Marchionne le gusta estar cerca de la acción. En Fiat pasó un buen tiempo caminando por ahí, conociendo a las personas y, cuando identificó a su gente clave, la atrajo hacia sí, en un estilo de administración tipo matriz que permitía que todos estuviesen cerca. En Chrysler hizo lo mismo. Como lo comentó un ejecutivo, al trabajar unidos y muy cerca, los empleados se mantenían alineados entre ellos con las directivas corporativas.

Marchionne no se instaló en la oficina de lujo en el último piso de la sede de Chrysler. En cambio, instaló su oficina en el piso de ingeniería, para estar cerca de la gente que estaba que estaba renovando la línea de productos.

Insistió en que el equipo de ingeniería de Fiat compartiera su experiencia con los equipos de Chrysler, un proceso que aceleraría el desarrollo de vehículos de menor tamaño, para así alcanzar la necesidad de los fabricantes de una mayor efectividad en el combustible. También instó a sus gerentes a echarle un vistazo a la línea de Chrysler, en especial a *Jeep*, una marca icónica.[2]

Al llevar a cabo estos cambios, Marchionne envió el mensaje de estar profundamente comprometido con el negocio, pero, a la vez, dejó claro que, si la compañía quería ser exitosa, debía a hacer las cosas de una manera distinta. Debería innovar y, en este sentido, él es un modelo de líder que ejemplifica lo que requiere energizar una organización a través del espíritu de la innovación.

*****

Los buenos líderes son aquellos que, por naturaleza o por medio del entrenamiento, aprender a ver más allá del horizonte. Como los *scouts*, están atentos a cualquier forma de cambio, como la variación en las preferencias de los consumidores, el ascenso de un nuevo competidor o la alteración del panorama económico. Ellos siempre están comparando lo que ocurre ahora con lo que ocurrió antes y lo que puede pasar después. Están en sintonía con el presente. Su visión a futuro no es mera observación, es también aplicación. Eso implica que, aun cuando atienden lo que ocurre en el presente, están pensando en el futuro. Esto hace surgir la innovación.

La creatividad, algo que exploramos en el capítulo pasado, es esencial para la innovación. De los gerentes depende estimularla para que pueda ser utilizada por los empleados. A mí manera de ver, la innovación es la creatividad aplicada. Los líderes deben instar a sus empleados a ser creativos proporcionándoles condiciones bajo las cuales su imaginación pueda florecer. También deben tomar lo que de allí surja y reproducirlo por toda la organización, lo cual no es nada fácil.

Obstáculos a la innovación

Muchas organizaciones ven la innovación como el Santo Grial, algo que están buscando. Este es el camino que toda compañía necesita para ser más creativa, productiva y, en últimas, más rentable. De acuerdo con un estudio global sobre grandes compañías, los altos ejecutivos le dieron a la creatividad calificaciones de nueve y diez en una escala de diez puntos. Veían en la innovación una fuente de crecimiento. Este mismo estudio, dichos ejecutivos le dieron calificaciones no mayores a cinco a su satisfacción con la creatividad actual de sus empresas.[3]

Los obstáculos para innovación se pueden dividir en tres categorías. Una de ellas es el estancamiento, no porque haya menos innovación, sino porque los resultados son menores. Por ejemplo, como lo describe *The Economist*, las más grandes ganancias en confort y productividad vinieron de "la electricidad, los motores de combustión interna, la plomería, los petroquímicos y el teléfono". Todas estas son buenas retribuciones, pero no inmensas. ¿Podría haber nuevas tecnologías en el futuro? Por supuesto, pero nadie las ha inventado aún.[4]

El segundo obstáculo es cuando, la innovación contribuye a la productividad pero, como lo han demostrado los economistas Tyler Cowens y Charles Jones, la productividad ha disminuido. Por ejemplo, de acuerdo con los investigaciones, "en 1950 el trabajador promedio de R&D en América contribuyó al menos siete veces más a la producción total de la fábrica" —retribuido en inversión, por así decirlo— de lo que lo hizo en el 2000. Más aún, nos estamos tardando más en innovar, pues la tecnología avanza desmedidamente para estar al nivel de la ciencia.[5]

En tercer lugar, la innovación hoy en día parece ir más lento que antes. Las mejoras a la vida de hogar —electricidad, refrigeración, aire acondicionado— aún permanecen, aunque se han gastado cientos de miles de dólares en investigaciones.

La desaceleración de la innovación puede obstaculizar la productividad nacional. La tasa de crecimiento promedio de la productividad de los Estados Unidos en el siglo XX fue del 2%. Robert Gordon, autor y profesor de Ciencias Sociales en la *Northenwestern University*, argumenta que el crecimiento a futuro puede ser del 1%. La invención en el último cuarto del siglo XIX, como lo explica Gordon, potenció la innovación, empezando con la electricidad, la plomería interna y el motor de combustión interna. El período de la posguerra fue testigo del nacimiento del jet y la proliferación de los procesos computacionales, y en la última década del siglo XX "el matrimonio de las comunicaciones y el computador" esparció el poder de la internet, que hoy en día rige casi cualquier aspecto de los negocios. Repetir tales hazañas, como lo señala Gordon, será muy difícil.[6]

Aunque los obstáculos para la innovación no harán más que crecer, eso no significa que debamos abandonar nuestra búsqueda de ella. Solo debemos explorar nuevas formas de verla, lo cual empieza con el liderazgo. Es responsabilidad de los líderes crear condiciones en las cuales los individuos puedan contribuir con ideas de cómo ser más productivos y eficientes. Esta apertura puede no conducir a grandes avances, pero, con el tiempo, traerá patrones de comportamiento que animen a la gente a hablar de los problemas y desafíos, y de cómo resolverlos. Solo a través de este ambiente puede darse la creatividad y, en consecuencia, aplicarse a la innovación.

Establecer reglas básicas para la innovación

La firma del director ejecutivo Rich Sheridan, Menlo Innovations, que hace honor a su nombre, vive de innovar. Siendo programador desde muy joven, Sheridan siempre creyó que debía haber una mejor manera de crear software, lo cual lo llevó a idear una compañía que hiciera las cosas de una manera distinta. Sheridan dijo: "Aprendí a administrar imitando a otras personas por encima de mí en ambientes de temor... entonces dices: 'Claro, esa es la manera en que diriges a las personas'". Se trataba del miedo. Pero de un miedo artificial.

"Los gerentes le decían a los empleados: '¿Vendrás a trabajar hasta tarde este fin de semana? Es decir, nos han dado una fecha límite con la que se debe cumplir. Si no cumplimos con esa fecha, vamos a perder a ese cliente. Y si perdemos a ese cliente, puede costarte tu trabajo'. Y yo me preguntaba, ¿algo de eso será cierto? No tengo idea, pero voy a trabajar duro este fin de semana. Ahora trabajo sin miedo. La innovación no puede darse en ambientes como ese".

Chester Elton está de acuerdo: "Creo que el más grande inhibidor de la innovación que haya visto en las organizaciones es el castigo al fracaso. Ahí el mensaje es: 'Mira, más vale que te asegures de que esto va a funcionar, porque, si no es así, van a rodar cabezas'. Las compañías que considero más innovadoras reciben con cierto gusto el fracaso".

Así que, cuando Sherdian fundó Menlo Innovations con su socio en 2001, resolvió: "antes que nada, relájense, hay que erradicar el miedo del salón. No es posible innovar en un ambiente de temor, porque el temor hace que tu cuerpo produzca los poderosos químicos de adrenalina y cortisol. Estos químicos apagan las partes más importantes de tu cerebro, pues en tal estado la sangre está siendo transportada hacia tus extremidades para que puedas seguir funcionando y hacia tu corazón, para que obtengas el suficiente oxígeno. La sangre es conducida lejos de la frente (donde está la corteza prefrontal del cerebro). En ese momento, has perdido toda la capacidad de ser creativo, imaginativo, innovador, pues estás en modo reptil".

"De manera que crear un buen ambiente y trabajar duro para sacar el miedo del salón es importante. Si las personas no tienen miedo, entonces empezarán a confiar unas en otras. Si eso ocurre, puede que también empiecen a colaborar. Y, si lo hacen, ¡de repente obtendrás creatividad, innovación, imaginación! Eso es lo que andan buscando las compañías".

Liberarse del miedo es solo el primer paso. Debes llevarlo más allá, de acuerdo con Sheridan. "Aquí queremos alegría, la cual definimos como el hecho de que a las personas para quienes estamos diseñando software amen lo que hacemos. Están dichosas y hemos hecho su vida mucho mejor. Esa es la manera de trabajar en algo más grande que tú".

"Enfocamos nuestra intención cultural en el mundo de afuera, en el efecto que vamos a tener en el mundo. Eso me parece muy importante. Todos nuestros procesos, todos nuestros comportamientos, todas nuestras prácticas de contratación, todo lo que hacemos se construye a partir de un sistema de creencias compartidas, y consideramos que este sistema producirá un tipo de resultados alegres para nuestros clientes. Por eso, la cultura intencional y el sistema compartido de creencias que le da vida es lo que hace la diferencia".

Disciplina de la innovación

La innovación no es accidental. Requiere de disciplina. Ryan Lance, director ejecutivo de ConocoPhillips, dice: "Los líderes deben ser pacientes y estar dispuestos a tolerar errores y fracasos. Como decimos en nuestro negocio: 'Debes estar dispuesto a perder algunas partidas'. Así que la innovación no es algo rápido, toma tiempo. Pienso que debes establecer el tono adecuado culturalmente. Debes hacerle saber a la gente que está bien preguntar y que está bien soñar".

"Innovar por innovar, puede ser noble", dice Lance, "pero para ser prácticos, debe ser posible llevar estas innovaciones a algún campo, las innovaciones deben tener una aplicación a los negocios y deben impactar este campo de forma visible. También es necesario entender la economía de la innovación. Después de todo, tenemos que ser buenos administradores del dinero de los accionistas y, como líderes, debemos dar cuenta de la manera en que la innovación mejorará el negocio".

La voluntad de actuar con rapidez es un imperativo cuando se trata de innovación. Como dice Aguirre: "Creo que hoy en día la mayoría de la gente se da cuenta de que, si no estás cambiando y evolucionando tus modelos de negocio, no vas a ser exitoso". Alguna vez se les dijo a los gerentes que permanecieran fieles a sus estrategias durante una década. "Ya no puedes hacer eso", dice Aguirre. "El mundo va tan rápido. El mundo está cambiando tanto. La competencia es mejor. La tecnología está tan avanzada, que todo el mundo está creando productos iguales o mejores que los tuyos. Entonces, debes seguir mejorando, y no hay manera de mejorar tus modelos de negocio, así fabriques o vendas productos, o estés ubicado en la industria de los servicios, no hay manera de mejorar sin algún tipo de innovación".

Aguirre hace énfasis en la necesidad de apoyar la innovación: "Debe haber esfuerzo e inversión detrás de esta. Durante mis primeros cinco años en Chiquita, invertimos una inmensa cantidad de dinero para expandir la marca. La marca es fantástica, muy poderosa, reconocida, pero solamente trabajaba con bananos. Yo sentí que una de las cosas más importantes que debíamos hacer era diversificar la compañía en otras categorías de productos y así expandir la marca. Teníamos que sacar provecho de esa marca fantástica. Así que invertimos y yo hablé mucho sobre la expansión y la diversificación del negocio".

Innovar de nuevas maneras

"La clave para ser constantemente innovador", argumentan Drew Boyd y Jacob Goldberg, autores de *Dentro de la caja: un sistema probado para fomentar la creatividad y obtener resultados innovadores*, "es crear una nueva forma de algo familiar y luego hallarle una función que pueda desempeñar". Los autores citan el ejemplo de un lente de contacto: un lente correctivo sin marco. Esa es una forma de sustracción. Una suma sería agregar lentes y unirlos, como en el caso de un teleobjetivo o un lente de aproximación. Nestlé hizo algo parecido cuando desarrolló una línea de té helado para ser consumido tibio o caliente en los meses más fríos. La belleza de esta idea, dicen los profesores Boyd y Goldenberg, es que "muchas de las mejores ideas con frecuencia están justo en frente de nosotros, conectadas de alguna manera con nuestra realidad cotidiana o nuestra visión del mundo".[7]

Las formas de innovar son tan numerosas como los modelos de negocios. De hecho, una de las formas de innovación no tiene un modelo de negocio real en absoluto. Le llamamos "Gran ciencia", un esfuerzo colaborativo entre muchos intereses distintos para crear una cosa. Un ejemplo es ATLAS, el microscopio más grande del mundo. Como es descrito en *The Economist*, ATLAS "tiene 45 metros de largo, 25 de alto, y pesa tanto como la Torre Eiffel". ATLAS reside en una caverna, donde es utilizado por científicos del CERN "para observar los bloques fundamentales que construyen la materia".

El secreto del éxito de ATLAS es el aporte que miles de científicos e ingenieros alrededor del mundo ha hecho con él. Su motivo nunca ha sido el lucro, ha sido la exploración. Y es por esto que ha sido un éxito. Los físicos probaron la existencia del Bosón de Higgs, conocida como la "partícula de Dios", pues puede ser parte de todo lo que conocemos, grande o pequeño. Lo que el mundo no científico puede aprender de la Gran ciencia es que la innovación puede ocurrir en una escala global si la gente se une en torno a algo".[8]

Una compañía con ambiciones como las de la Gran ciencia es Google. Con un presupuesto de investigación y desarrollo que se acerca a los $7 billones de dólares (en 2013), tiene tanto el peso como el poder mental para hacerlas cumplir. Con todo, la más grande ventaja de Google puede ser el compromiso de su cofundador Sergey Brin. Mientras que Larry Page se desempeña como director ejecutivo, Brin es el director tecnológico. Él está directamente involucrado en el laboratorio de Google, Google X, inspirado en otros laboratorios como los de AT&T's Bell Labs y Xerox's PARC.

"La participación directa de Sergey", dice Richard DeVaul, que trabaja en Google X como evaluador, "es una de las formas en que este ambiente se mantiene". Tal grado de compromiso personal es la razón por la cual el laboratorio ha logrado reclutar a los más talentosos, de acuerdo con Brad Stone de la revista *Bloomberg Businessweek*, quien ha escrito sobre Google X.

Los proyectos clave incluyen Google Glass, un computador en forma de gafas, y el automóvil que se maneja solo, ambos favoritos del propio Brin. Sin embargo, el laboratorio es aún más ambicioso. Su cabeza, Eric "Astro" Teller, se dirigió a la conferencia South by Southwest (SXSW) en 2013 diciendo: "El mundo no está limitado por el coeficiente intelectual. Todos estamos limitados por la valentía y la creatividad". En el tablero hay proyectos como una turbina de aire que genera energía volando en círculos, al igual que una iniciativa de llevar internet a lugares en el mundo en vía de desarrollo. Su misión es audaz; grandes avances para la ciencia y la tecnología. Como lo escribió Stone, Google X está diseñado para hacer "esas apuestas científicas de uno a un millón que requieren de generosas cantidades de capital, fe y voluntad de cambiar las cosas".[9]

Google también patrocina el proyecto Solve for X, que organiza convenciones en torno a un enfoque de colaboración para resolver problemas mundiales. Una de esas conferencias incluyó presentaciones sobre robots inflables, detección de Alzheimer temprano por medio de un examen de ojo y reactores de fusión nuclear. Como lo comenta Teller: "A la hora de hacer del mundo un mejor lugar, somos tan serios como un ataque al corazón".

Esa afirmación resume lo que es necesario para innovar. Financiación sí, pero también la fe de experimentar al igual que el reconocimiento de que el fracaso es una opción. Aunque los gerentes de línea a menudo no tienen acceso a la válvula que controla el flujo de capital, pueden instar a su gente a pensar por sí misma y a participar en nuevos proyectos, entendiendo que los errores ocurrirán y que pueden servir como lecciones vitales.

Innovación: enfoque de sistemas

Aquello que funciona para Rich Sheridan en Menlo Innovations es un enfoque de sistemas para la innovación: "Juntamos en parejas a nuestros programadores de software, dos en un computador durante cinco días de trabajo, y luego cambiamos esas parejas cada cinco días. Eso asegura que todos los que hacen parte del equipo van a trabajar juntos".

La oficina está organizada a manera de espacio abierto. Sheridan dijo: "Todos trabajamos en el mismo salón juntos, sin paredes, oficinas, cubículos o puertas. Esto implica que al menos estamos pasando el tiempo juntos". Esta proximidad fomenta conversaciones y coordinaciones que dan la oportunidad de que las personas se colaboren entre sí para hacer el trabajo. El seguimiento de un proyecto es fundamental, pero de alguna manera pasado de moda, en especial para una compañía de tecnología. "Hemos creado un sistema interesante de no-ambigüedad en el cual escribimos cosas en unas pequeñas tarjeticas", dijo Sheridan. "Pones esas tarjeticas en la pared bajo los nombres de las personas en la sala. Así, la gente va a la pared y sabe exactamente qué debe estar haciendo. Así, ellos pueden llevar a cabo oficios verdaderamente importantes".

El enfoque de sistemas le da la bienvenida a la interacción del cliente. "En nuestro mundo, invitamos al cliente a participar en cada uno de esos cinco días de trabajo", dijo Sheridan. "También se ponen en contacto con nosotros de nuevo en un evento que llamamos 'muestra y cuenta'. Nuestro 'muestra y cuenta' en realidad funciona la revés". En lugar de que los miembros del equipo de Menlo revelen el trabajo hecho hasta la fecha, los clientes se lo presentan a los programadores. "Atraer al cliente de esta manera hacia nuestro proceso hace que ellos estén conscientes del trabajo que hemos hecho... El software es bastante teórico hasta que se pone en práctica, hasta que le gente puede, en efecto, utilizarlo".

Es importante que los miembros del equipo vean a los clientes interactuar con el software. Como lo señala Sheridan: "Los clientes son los que tienen las manos en el teclado tocando el software", y los que crearon ese software lo estarán viendo. "Allí no hay nada que interpretar entre las líneas, no hay ambigüedad, es preciso ver el movimiento, las cejas, los brazos cruzados, el gusto, las sonrisas, la risa, los fruncidos, creo que todo eso es muy importante".

Estas sesiones con clientes también eliminan algunos problemas. "El hecho de recibir retroalimentación es genial. Es mucho más importante cuando recibimos retroalimentaciones negativas, ojalá constructivas. Una de las formas en las que hacemos la retroalimentación constructiva es llevando a cabo estas sesiones cada cinco días hábiles, de manera que, si cometemos errores, estos no van a ser muy grandes. Van a ser muy pequeños".

"Piensa en vidrio"

No debe ser una compañía del siglo XXI para innovar. En Murano, el distrito de soplado de vidrio de Venecia, la innovación sigo siendo una consigna. Tiene que serlo. De acuerdo con *The Economist*, los trabajos contemporáneos en vidrio, con frecuencia localizados en Asia, están socavando esta tradición veneciana de setecientos años de antigüedad. Más de un tercio de los fabricantes de vidrio han cerrado sus puertas y muchos continúan ejerciendo su oficio haciendo pesados souvenires de mal gusto que los turistas alguna vez compraron. Esa forma de hacer vidrio no es el futuro.

Adriano Berengo, un fabricante de vidrios, aún sigue trabajando en su estudio de Murano, pero lo ha dividido en dos partes. Un lado produce vidrio tradicional y el otro lado se lo ofrece a los artistas. "A los artistas les encanta tener nuevos juguetes con los cuales trabajar", dijo Berengo. "Lo que debemos hacer es llevarlos a pensar en vidrio". Los artistas que trabajan en el estudio de Berengo producen dos obras de arte: una para el estudio y otra para ellos, que ellos mismos pueden vender. Si se produce una tercera pieza, Berengo y el artista se dividen las ganancias.

Murano, como lo señala *The Economist*, ha prosperado "por medio de la innovación y concentrándose en la calidad". Con innovadores como Berengo y otros, Murano probablemente podrá adicionarle un siglo de tradición a su legado. De nuevo, la innovación no es *Nueva Era*, pertenece a cualquier era. En ningún lugar es esto más cierto que en Murano. Investigando en los archivos venecianos sobre vidrio, Berengo halló una forma de fabricar vidrio verde empleando una técnica del siglo XVI

llamada *avventurina*. A veces la innovación involucio-
na, volviendo la vista atrás para encontrar ideas que han
sido olvidadas, pero que pueden tener nuevas aplicaciones en el mundo de hoy.[10]

Haz preguntas y escucha

El General John Allen, como el comandante de más
alto nivel en Afganistán, solía reunirse regularmente
con su personal superior, incluyendo tres generales de
Gran Bretaña y Francia y combatientes de dos y tres es-
trellas. Los recibiría con una gran pregunta, por ejemplo: "¿Cómo debemos enfrentarnos a la corrupción en
Afganistán?" o "¿de qué manera podemos empezar a
entregarle el liderazgo militar/operacional a las fuerzas
afganas?" (Esta última pregunta da inicio a una agenda
que el general Allen hizo exitosa, pues fue él como comandante quien inició el giro en 2011).

"La idea era reunir a todos mis comandantes", dijo
Allen. "Probablemente no encontrarías un equipo de
combate con mayor liderazgo en ninguno otro sitio del
planeta concentrado en un punto. Quería reunirlos a
todos para crear una mentalidad y una perspectiva común en torno a cuestiones de las cuales pudiésemos dar
y recibir lo mejor". También hubo retrocesos. "Si sentía
que los retrocesos iban a ser valiosos para mí, que le
iban a dar un mayor enfoque o claridad a mis órdenes
o que debía cambiar una orden porque ahora tenía más
sentido otra con base la información que había recibido,
entonces no dudaba en hacerlo". El trabajo de un líder
es escuchar lo que sus reportes directos le dicen. "Me
parece que ese es un ambiente saludable en cual estar.
Si ellos creen que no vas a cambiar lo que sea que estés haciendo, sin importar lo que te digan, entonces eso

enfría el tipo de conversaciones que quieres tener entre líderes, en especial con líderes en combate", dijo Allen.

Marca el campo

Jim Haudan, director ejecutivo de Root, dice: "la innovación solo puede darse en las mentalidades que reconocen que las grande Es ('E' de éxito) vienen de las pequeñas efes ('f' de fracaso), y eso quiere decir que los grandes éxitos solo pueden venir de los pequeños fracasos. Así que, si no fracasamos, nunca tendremos éxito". Las organizaciones deben "fracasar hacia adelante de manera rápida", dice Haudan. "Debes abrazar y apreciar los fracasos", en lugar de huir de ellos.

Chester Elton concuerda con esto: "Otra cosa que he hallado sobre las compañías innovadoras es que, cuando van al origen de algo que no está funcionando, fracasan rápido. Descubren de qué se trata, le dan una oportunidad y, si no funciona, lo cortan y siguen adelante. Por ello, creo que las organizaciones y los pensadores innovadores son aquellos que se arriesgan midiendo las oportunidades y que no permiten que el fracaso se les atreviese, pero tampoco lo castigan".

Con ese fin en mente, Haudan le aconseja a los líderes limitar el riesgo e ir por lo "pequeño, rápido y barato". Por ejemplo, ir por mejoras en los procesos y cambios incrementales a los productos en lugar de ir por nuevas líneas de productos. Utiliza esto como lecciones de las cuales aprender, en lugar de como "opciones para poner en riesgo a la compañía". Una vez hayas aprendido, puedes tomar riesgos más grandes, desarrollando productos por entero novedosos o incluso categorías de productos. Las lecciones aprendidas por medio de pequeñas apuestas ubicarán a la organización en un mejor lugar desde el cual aprovechar las oportunidades.

Haudan señala una trampa de la innovación: aplicarla donde no se necesita. "La innovación requiere una gestión diferentes a la de las operaciones". Por eso, aboga por "marcar los campos", es decir, determinar qué vas a cambiar y por qué. "Hay lugares en los que no quieres ningún tipo de innovación, pues la fiabilidad y la previsibilidad son claves", dice Haudan. Por ejemplo, la seguridad en un banco o la seguridad de un paciente deben ser operaciones a prueba de fallas. Estas son áreas en la que no dejas nada al azar.

Reinventando viejas cosas

La innovación no siempre debe tratarse de lo nuevo. Ryan Lance dice: "La innovación puede ser la nueva manera de hacer cosas viejas. Esto incluye deshacerse de viejos procesos laborales que, en realidad, no aportan ningún valor a la empresa, su direccionamiento, su cultura o los objetivos estratégicos que intentamos alcanzar". La innovación también requiere "pensar en nuevas maneras de llevar a cabo procesos existentes al mismo tiempo que eliminar viejos procesos que ya no tienen sentido".

Hallar nuevas maneras de enfrentar viejos problemas refuerza la innovación cultural. "Si escoges la oportunidad apropiada, puedes obtener mucho provecho al contar historias de éxito. Las historias se expanden dentro de la compañía y las personas reconocen eso: 'Hey, hicimos algo de forma distinta'", dice Lance. Los empleados advierten el cambio y se dicen a sí mismos: "Acabaron con ese proceso ineficiente. Ya no debo seguir haciendo esto. ¿No es genial?". Cuando tales cambios son publicitados, dice Lance, "adquieres mucha visibilidad y credibilidad por tu voluntad de innovar".

Ya sea que halles nuevas aplicaciones para nuevas tecnologías o utilices viejas ideas que ofrezcan nuevas soluciones, la innovación es esencial para la salud de una empresa. Es responsabilidad del líder seguir instando a la organización a recibir ideas creativas como un medio de pensamiento y de proceder distinto.

Consideración de cierre: innovación

Con frecuencia, la innovación es un trabajo hacia el progreso. A veces las personas están dispuestas a hacer algo nuevo y, cuando lo hacen, esperan obtener resultados instantáneos. Como sucede con muchas cosas en la vida, debes seguir haciéndolo constantemente para ser exitoso. A menudo, la gente se resiste a la innovación porque altera su zona de confort. Cuando eso ocurre, opone resistencia. De nuevo, es necesario seguir intentando. Del líder con mente atenta –aquel que busca oportunidades– depende llevar a la organización a hacer las cosas de una manera diferente en la búsqueda de la excelencia.

Innovación = Creatividad + Aplicación

Preguntas de liderazgo

- ¿Qué estás haciendo para aprovechar tu parte creativa?
- ¿Qué haces cuando te das cuenta de que tus habilidades creativas no son requeridas?
- ¿De qué manera estás ayudando a los demás a maximizar sus habilidades creativas?

Directivas de liderazgo

- La complacencia es la mejor amiga del *statu quo*. Busca el cambio y piensa cómo se aplica en tu caso.

- La innovación es un proceso de cambio. Utiliza tu lado creativo en las situaciones que ocurren a tu alrededor. Algunas veces innovarás en tu carrera, harás las cosas de una manera distinta. Otras veces deberás innovar en equipo para llevarlos en una dirección diferente y novedosa.

- La innovación empieza teniendo una mente abierta a otras ideas. Date la oportunidad de adoptar la posibilidad del cambio. Y claro, esto te desordenará.

- Aprende a seguir ideas que mejorarán las cosas para tu equipo, tus clientes, tu organización y, por supuesto, para ti.

- Conviértete en una de esas personas a la que la gente se dirige, valiéndote de tu creatividad para hacer un cambio positivo. Puedes hacer esto sugiriendo o estando abierto a nuevas ideas, resolviendo problemas y colaborándole a otros.

Emprendimiento

Que nadie venga a ti sin irse mejor y más feliz.

Madre Teresa

Una mejor manera de trabajar en conjunto

Rich Sheridan estaba buscando hacer algo diferente en el diseño de software. Se había frustrado al usar los métodos tradicionales y, en 1999, leyó *Programación eXtrema aplicada* de Kent Beck. También vio un documental que hablaba sobre el proceso mediante el cual la firma de diseño IDEO rediseñó un carrito de compras en *Nightline*, un programa nocturno de noticias transmitido por la cadena ABC en Estados Unidos.

Cuando se convirtió en vicepresidente de una determinada compañía, estuvo en posición para implementar sus ideas: "Y en seis meses yo había transformado los equipos R y D, que afectaban a toda la organización, y me dieron dos años para ejecutarlo y perfeccionarlo".

"Luego, en 2001, la burbuja de Internet explotó y por primera vez en mi carrera estuve sin trabajo. La compañía de California que nos había comprado cerró cada oficina que tenía, incluyendo la nuestra, la *Ann Arbor operation*. Y ahí estaba yo. Habiendo llegado a mi meta, después de lograr una gran organización que funcionaba a la perfección, todo me lo arrebataron. Así que ese era el siguiente nivel de adversidad. Me fui a casa y le dije a mi esposa: "Querida, hoy perdí mi empleo". A lo que ella respondió: "¿Estás desempleado?". Y yo le dije: "No, ahora soy un emprendedor".

Como explica Rich, él sabía que lo que había construido para su anterior compañía era un concepto para desarrollar software que sería transferible a otra compañía, un concepto que habría desarrollado con su socio. Sheridan anota: "Como mi padre siempre dijo, a veces las cosas que peor se ven resultan ser las mejores".

Los introvertidos saben cómo involucrar a otros

En 2006, Adam Grant, un profesor de administración de la Wharton School, era un estudiante graduado de psicología organizacional. Su mentor, Brian Little, quiso saber si estaría interesado en conocer a Susan Cain, una abogada convertida en autora que estaba escribiendo un libro sobre el poder de los introvertidos. Como Grant dice "Cain y yo teníamos lo que se suponía que sería una reunión de media hora, y acabó siendo un encuentro de más o menos tres horas. Yo estaba simplemente fascinado con lo que ella estaba estudiando. Mientras hablaba con ella, descubrí que había un enorme desequilibrio en la investigación sobre introvertidos y extrovertidos. Los resultados evidenciaban que los extrovertidos tendían a ser escogidos con más frecuencia para desempeñar roles de liderazgo; que al ver a una persona extrovertida tendemos a asumir que es una persona carismática, que es gregaria y está dotada de habilidades sociales, muchas cosas que les son útiles a los líderes. También vimos que las personas extrovertidas se sentían mucho más atraídas por roles de liderazgo que las introvertidas, porque estos roles suponen estar en una situación altamente estimulante, exigen ser el centro de atención y hay múltiples oportunidades para ser asertivo.

"También hay estudios que muestran que la gente califica como mejor líder a los extrovertidos que a los introvertidos. Con todo, a medida que Susan me hacía su lista de preguntas, no pude encontrar un solo estudio que en realidad vinculara al liderazgo extrovertido con un mejor desempeño. Y hubo un momento en el que creo que para muchos casos simplemente se podía decir: "¡Wow!, esa es un gran brecha, alguien debería estudiar eso".

"Susan consiguió entusiasmarme muchísimo. Ella era elocuente, muy curiosa y tan reflexiva sobre este tema que decidí que quería comenzar a buscar un lugar para mí, quería ver si hallaba una oportunidad para estudiar eso. Nunca lo hubiera hecho si Brian no hubiese puesto a Susan en mi radar".

LAS INVESTIGACIONES DICEN QUE...
EN LAS VEINTE COMPAÑÍAS MÁS IMPORTANTES
EN LIDERAZGO, LOS ENCUESTADOS DICEN QUE:

85%	84%	82%
CUENTA ACTIVAMENTE CON UNA GRAN CANTIDAD DE EXITOSOS GERENTES PREPARADOS PARA ASUMIR ROLES DE LIDERAZGO EN MISIONES CRÍTICAS.	OFRECE OPORTUNIDADES DE DESARROLLO DE LIDERAZGO A SUS EMPLEADOS.	LOS LÍDERES TRABAJAN DURO PARA CONECTAR A LA GENTE CON PROYECTOS QUE SON PERSONALMENTE SIGNIFICATIVOS PARA ELLOS.

FUENTE: *2013 BEST COMPANIES FOR LEADERSHIP, HAY GROUP.*[1]

Emprendimiento. Las personas con MOXIE buscan comprometer a la más amplia comunidad a su alrededor. Están enfocadas en hacer una diferencia positiva en sus equipos y organizaciones.

Dolly Parton

Lo que más resuena en mí sobre Dolly Parton es su corazón. Lo oyes en sus canciones y actúa con él en su vida. Mientras algunos pueden distraerse con su apariencia atractiva —gran cabello, gran sonrisa y gran escote—, es su voz lo que más llama la atención, conmovedora y juguetona a la vez. Irradia tanta alegría como dolor. Pero, sobre todo, registra sinceridad, y gracias a esto pudo forjar una fuerte relación con sus fans, que se extiende por generaciones.

Pocos habrían predicho que una mujer, una de doce hijos, con humildes orígenes en Sevierville, Tennessee, escalaría de semejante manera como cantautora, llegando a vender más de cien millones de discos. Sus duros inicios, acoplados con su amor por la familia, forjaron su determinación para proseguir con su arte. No solo cantaba, sino que también componía canciones siendo aún muy joven. Parton se hizo profesional a la edad de diez años, apareciendo en radio y televisión local en Knoxville. Como joven adolescente, hizo su primera aparición en el entonces mayor escenario de música country, el Grand Ole Opry. Luego de graduarse de la escuela secundaria, se mudó a Nashville.

Para la edad de veintiún años, aparecía regularmente en el show de televisión *The Porter Wagoner*, cantando a dueto con Wagoner. Ella tenía una cadena de éxitos musicales y ganó el *Country Music Award* para mujer vocalista en 1975 y 1976. Después, solo vinieron más éxitos, pero su amplio atractivo no disuadió a Parton de volver a sus raíces en el *gospel* y el *bluesgrass*.

La esencia de Dolly

Para mí, su canción *Better Get to Livin* ofrece ideas que cada líder debería mantener en la lista. Esa canción, la principal de su álbum *Backwoods Barbie* (2008), le permite a Parton, "la Oprah de Appalachia", revelar el secreto de su larga carrera: "Vivir, dar, perdonar y amar". Estas palabras no solo deben tener sentido para los seguidores de la música *country*, también están llenas de significado para los líderes. Vamos a tomarlas una a una.

Vivir. Los líderes deben ser conscientes de su situación y de la situación de aquellos a los que lideran. Ellos saben cuál es el impacto que sus acciones tienen en otros y siempre buscan hacer lo que sea mejor para la compañía.

Dar. Los líderes dan de sí mismos para que los otros consigan sus metas. Eso quiere decir que, como líder, deberás invertir parte de tu tiempo desarrollando las capacidades de tu gente, aquellos a cargo tuyo. Proporciónales orientación para que puedan hacer más grandes sus fortalezas y superar sus dificultades, y dales un hombro dónde llorar en momentos difíciles.

Perdonar. Las personas cometen errores. Si los reconocen y buscan enmendarlos, continúa hacía adelante. Supéralo. Un líder no puede permitirse tener rencores. Esto crea un ambiente negativo y drena la energía de su equipo.

Amar. Aplica esto en tu trabajo. Ten pasión por lo que haces, esto inspirará a todo tu equipo. El amor de un líder por su trabajo y por quienes trabajan con él es un incentivo que hace que la gente lo siga.

Hay algunas otras palabras que Parton incluye en esta canción que también pueden ser útiles para el liderazgo. Entre ellas está *conocer*, entendiendo tus valores; *brillar*, dándote valor; y *mostrar*, dejando ver a otros que te preocupas por ellos.

Hay otra palabra que usa Parton: *sanar*. Los líderes deben ejercer su rol para unir a las personas. Las grietas deben ser restauradas, las heridas sanadas y los sentimientos apaciguados. Todas estas son responsabilidades propias del liderazgo.

Para Parton el éxito llegó pronto, pero no sin esfuerzo ni sacrificio. Todos sus ensayos, tribulaciones y alegrías se ven reflejadas en su música. Ella no solamente toca y canta su música, también la compone. Creó una gran empresa que gana cientos de millones y sigue teniendo un gran sentido del humor, se ríe de sí misma de manera irónica. Dice: "Cuesta mucho dinero verse así de sencilla". Con su característica sonrisa y su voz de soprano *country*, Dolly Parton conoce a su audiencia y cada vez entrega lo que esperan de ella. Esta mujer se conoce a sí misma y conoce su corazón.

Un mayor atractivo

El éxito en la música condujo a Parton a Hollywood. Se inició en el cine en 1980 con una película sobre secretarias llamada *Cómo eliminar a su jefe* que se presentó primero en Los Ángeles y luego en Broadway.

Su mayor esfuerzo empresarial es Dollywood, un parque temático que abrió sus puertas en 1986 y está en Pigeon Forge, Tennessee. No es sorprendente que sus asesores financieros le aconsejaran no realizar este proyecto. Ella les dijo "Pues de todas maneras lo haré, porque algo en mí sabe que es lo que debo hacer". El parque ha prosperado y, en 2013, Dolly anunció que en los siguientes diez años hará una ampliación de las instalaciones que tendrá un costo de trescientos millones de dólares.

Uno de los principales intereses que alberga el corazón de Parton es un programa de lectura. Durante las últimas dos décadas ha estado entregando libros a los niños para fomentar su alfabetización.

Fundó *Imagination Library* (la librería de la imaginación) y, como dijo para el programa de noticias *PBS's NewsHour*, "A donde quiera que voy, los niños me llaman 'la mujer de los libros'. Esto realmente comenzó como algo muy personal para mí... originalmente fue pensado para los habitantes de mi pueblo de origen... No había libros en las casas donde nosotros crecimos". Su padre era un hombre analfabeto y, según ella, esto fue "una cosa paralizante para él". Hoy, su fundación *Dollywood* envía libros a niños en 1.700 comunidades alrededor de Estados Unidos, Canadá e Inglaterra.

"Entre más envejezco, más agradezco mi título de 'mujer de los libros'. Me hace sentir una persona más legítima, no solamente una cantante o animadora. Siento que he hecho algo bueno con mi vida y con mis triunfos". Oyes en esas palabras a la pequeña niña nacida en la pobreza que logró salir adelante gracias a su talento, su emprendimiento en el arte y su genuino compromiso con los demás. En 2006, Parton fue reconocida por el Kennedy Center por su contribución al arte, un exclusivo tributo para una cantante con raíces country.

La vida de Dolly Parton

La vida que se refleja a través de su arte y sus acciones es un ejemplo brillante de lo que significa vivir con todo el corazón. Ella refleja la esencia del compromiso, de la entrega total al trabajo. Los líderes deben comprometer a los demás, pero antes de eso deben ellos mismos estar comprometidos. Dolly Parton nos muestra cómo lograrlo.

*****

Los líderes nunca trabajan aislados. Ellos trabajan con otros para hacer que sus ideas, sueños y aspiraciones se hagan realidad. Para esto, deben generar un deseo de emprendimiento en los demás. Este emprendimiento puede sencillamente basarse en conversaciones uno a uno que forjen relaciones, también puede ser un compromiso grupal, de equipo o de una organización entera. Se trata de una parte esencial para ampliar el liderazgo en sí mismo con el fin de hacer una diferencia positiva. También es la habilidad de mantener a quienes te siguen, enfocados en hacer de los objetivos una realidad.

En este capítulo me enfocaré en contar la historia del compromiso desde diferentes perspectivas. Aquí encontrarás diferentes modelos, tanto de sectores con ánimo de lucro como de sectores sin ánimo de lucro. Es importante saber que no existe una sola manera de aproximarse a la idea de emprendimiento, no hay un modelo que se adapte a todos los casos, pero sí existe un principio fundamental al que todos los lugares de trabajo altamente comprometidos se adhieren. Este es: hay dignidad en el trabajo y, cuando tratamos a nuestros trabajadores con dignidad, se convierten en contribuidores que buscan resultados y éxito.

Jim Haudan, jefe ejecutivo de Root, una visionaria compañía en estrategia y aprendizaje, dice que su empresa "es dirigida por la idea de que las personas no están trayendo la mejor versión de sí mismos al trabajo. Nosotros queremos que la gente esté comprometida, pero por alguna razón el miedo permea en el lugar de trabajo". Aunque la estrategia es importante, lo que realmente importa, según Haudan, es "cuando la gente se une con la aspiración de construir algo que no existe". El reto consiste en enfocarse en un propósito o moverse del "inconsciente al consciente. Esto vigoriza el poder que tenemos los seres humanos de hacer la diferencia".

Lograr esto es el trabajo de la vida de Haudan. Él es originalmente un educador, hizo un MBA y luego llegó a Root, donde combina su pasión por la enseñanza y el reto de dirigir un negocio. Ahora, en su rol de jefe ejecutivo, su pasión es "sacar a las personas 'del banquillo' en su vida laboral, para que puedan tener dos cosas: sentido de pertenencia al ser parte de algo más grande que ellos mismos y orgullo por los resultados que consigan en conjunto con otras personas de ideas afines".

Emprendimiento con propósito

La pregunta es: ¿cómo nos comprometemos con propósito? Primero, los líderes deben permitir a otros reconocer el propósito en dos niveles: el organizacional y el personal. Los líderes deben inculcar el propósito creando un vínculo entre lo que la compañía hace (su misión) y en lo que aspira a convertirse (su visión). Esto, a través de sus comunicaciones y sus acciones. Ellos potencian el propósito como el porqué del trabajo, es decir, por qué hacemos lo que hacemos.

Luego, como explica Haudan, depende de los líderes ofrecer a las personas la oportunidad de identificarse. En un reciente taller organizado por Haudan de la mano de Robert Quinn, un profesor de desarrollo organizacional de la Universidad de Michigan, los participantes tuvieron la oportunidad de vincular sus historias personales con la historia de su compañía. Esto resonó en ellos de una manera mucho más visceral que estratégica. La lección es que la estrategia es importante, pero no es algo que conecte a las personas a un nivel personal. El propósito, sin embargo, es algo con lo que las personas se relacionan por una sola razón: le da significado a lo que hacen. Como dice Haudan, es "algo mayor a ellos mismos", algo que todos anhelamos.

Parte de emprender o comprometer al personal implica proveerlo de propósito. Con todo, este propósito debe situarse en un contexto donde las cosas sucedan. Un modelo de dinamismo es la agilidad. Como la han definido Thomas Williams, Christopher Worley y Edward Lawler III en un artículo para *Strategy+business*: "La agilidad no es simplemente la habilidad de cambiar. Es una capacidad cultivada que le permite a una organización responder de manera oportuna, efectiva y sustentable cuando las circunstancias lo requieran". De acuerdo con estos autores, la agilidad está confirmada por cuatro rutinas:

1. Construir estrategias dinámicamente, sabiendo qué haces y por qué es importante.

2. Percibir el cambio en el entorno, sintiendo el cambio que se está produciendo y midiendo su significado.

3. Probar respuestas evaluando el riesgo y aprendiendo de lo que ha pasado antes.

4. Implementar el cambio haciéndolo provechoso para la organización.

Como Williams y sus coautores lo señalan, las compañías que poseen "el factor de la agilidad" superan a sus pares a largo plazo. Ejemplos de estas compañías son ExxonMobil, Capital One, DaVita HealthCare Partners, y Gap. El reto para los líderes no consiste en enseñar a otros un modelo de negocios, sino en motivar a gerentes y empleados a hacer que el trabajo cambie en beneficio y no en contra de ellos. Esto surge cuando se comparte un propósito que todos comprenden.[3]

Como escribí en mi libro *Lead with Purpose*, cuando las personas saben qué se espera de ellas, pueden ofrecerlo. E, incluso: cuando su ayuda contribuye a esas expectativas, trabajarán todavía mejor. Esto quiere decir que los administradores deben asegurarse de que cada persona sepa cuál es su rol: compartir las ideas que tiene, y, cuando estas sean apropiadas y aprobadas, hacerlas parte del engranaje de la empresa. Tal cultura del emprendimiento existe en empresas como *3M* y *Google*, donde los empleados son motivados a invertir tiempo en proyectos estrella que complementan la misión tanto de sus equipos como de la organización entera.[4]

Emprendimiento: estableciendo los fundamentos

Para Ryan Lance, jefe ejecutivo de *ConocoPhillips*, el emprendimiento construye el propósito. Así, todos los empleados deben saber hacia dónde se dirige la compañía. Lance comparte su filosofía de administración con todos sus empleados. Se trata de un concepto de liderazgo al que él llama el modelo SAM: "la S de sostener, la A de alinear y la M de motivar". Como Lance explica, "cuando puedes sostener direccionamientos sencillos e inspiradores, incluso cuando son diferenciales, estos resultan siempre motivadores para la gente, que comprende los objetivos estratégicos de lo que estás intentando conseguir, hacia dónde te mueves y qué debe esperar de su equipo líder". Es fundamental que las personas entiendan hacia dónde quieres ir; tu liderazgo debe marcar el camino a seguir, la forma en que los empleados pueden conectarse y cómo sus metas individuales contribuyen a conseguir retos mayores. Enseguida debes energizar a los interesados para lograr tus metas. Trabajamos realmente fuerte para lograr la alineación y luego invertimos mucho tiempo en la motivación para que todos en la empresa se sientan impulsados hacia el mismo lugar".

Las intenciones estratégicas se construyen, como dice Lance, sobre "un conjunto básico de valores que marcan la pauta de nuestra dirección y los comportamientos necesarios. En ConcoPhillips los valores fundamentales se expresan en las siglas SPIRIT, que quieren decir: seguridad, personal, innovación, responsabilidad. Los valores de SPIRIT sintetizan nuestro carácter. Todo lo que hacemos refleja nuestros valores SPIRIT, tanto en nuestras operaciones como en nuestra interacción con las comunidades dentro de las que operamos. A pesar de nuestra discreción, nuestros valores SPIRIT siempre están brillando".

El emprendimiento empieza con la escucha

Fernando Aguirre, jefe ejecutivo de Chiquita Brands, cree que el emprendimiento se basa en dos importantes factores: "uno es comunicar todo el tiempo y el segundo es encontrar objetivos comunes en los que puedan trabajar los empleados por su propia cuenta". Cuando Aguirre se unió a Chiquita como jefe ejecutivo, pasó sus primeros noventa días como presidente y jefe ejecutivo fomentando una 'campaña de escucha y aprende' durante la cual, como le dijo a sus empleados, él no tomaría ninguna decisión fundamental. Aguirre procesó lo aprendido durante este periodo escribiendo sobre ello y reportando sus hallazgos a distintas unidades de negocio.

La política de escucha y aprende continuó durante todo su paso por Chiquita. Aguirre dice: "Yo era alguien muy visible como jefe ejecutivo de la compañía. Y me refiero a que siempre estaba caminando por ahí. Hacía reuniones locales constantemente. Dependiendo del momento del año, pasaba entre el 60% y el 80% de mi tiempo viajando, pero siempre que visitaba alguna de nuestras operaciones, hacía reuniones locales con cada uno de los empleados que estuvieran en el edificio, no importa de qué nivel fueran, si habían sido contratados la víspera o llevaban más de 35 años en la compañía. Hablaba un poco con ellos sobre los resultados y un poco sobre las estrategias. Después, siempre resolvía sus preguntas. Invertía entre una hora y hora y media simplemente hablando con los empleados sobre qué estaba sucediendo en las operaciones".

Aguirre extendió globalmente su concepto de reuniones locales. Sostuvo sesiones de revisión trimestrales que eran transmitidas en toda la compañía. Dice: "Empecé cada sesión local o sesión trimestral recordándoles a los empleados que lo más relevante de esa reunión eran sus preguntas. Venían preparados con anticipación con la idea de hacer preguntas". Aguirre también apalancó su mensaje con la intención de conectar la misión corporativa con el trabajo que los empleados estaban realizando. "Necesitas estructurar objetivos que sean comunes a la mayoría de la gente". Como explica Aguirre, ese nivel de lo común asegura no solo que cada persona esté enfocada en las mismas metas, sino que les permite a los gerentes implementar sus propias ideas para lograr los mejores resultados en sus unidades de negocio. En este sentido, Aguirre dice que "Son las ideas de los empleados las que terminan por influenciar el trabajo".

Emprendimiento: la responsabilidad del líder

El emprendimiento es un proceso de dar el ejemplo adecuado. Las personas están siempre observando a su líder. Su comportamiento es el criterio según el cual es juzgado. Una forma de empezar dando un buen ejemplo es estar siempre disponible y accesible. Como lo explica el General John Allen: "Algo que siempre sentí que era muy importante para mis tropas era que yo siempre estaba presente. Estaba siempre disponible. Tienes que ser una presencia fuerte. Como comandante no puedes darte el lujo de tener malos días. No puedes, aun cuando estés bajo una presión extrema, mostrarte afectado. En ciertas ocasiones, cuando lo que debíamos hacer era realmente difícil, no podía ceder, porque si el comandante puede sobrellevar la situación moral, espiritual y físicamente, así como táctica y operativamente, la unidad que dirige permanecerá sólida".

Mantenerte enfocado en la tarea asignada durante el proceso que implica llevarla a cabo significa cuidar de ti mismo. Como dice Allen: "Una de las cosas que me ha ayudado mucho es mi resistencia. Esta me viene de la habilidad intrínseca de motivarme a mí mismo y está basada en mi condicionamiento físico. Cuando estás en buen estado físico, tienes mayor capacidad de resistencia a la hora de conseguir una meta. Eres menos propenso a la incertidumbre y al miedo. Tu capacidad de decisión está reforzada por tu resistencia". Ese tipo de entrenamiento, en una situación de combate, les da seguridad a quienes siguen a su líder. "Yo sería el último hombre de pie en el momento de una crisis, y mis soldados se sentían respaldados por eso. Ellos se sentían bastante cómodos sabiendo que, sin importar qué tan duras llegaran a ser las situaciones que debíamos enfrentar, yo no me doblegaría. Eso les daba una enorme confianza. Los comandantes y líderes necesitan conocerse a sí mismos y a sus capacidades, cuáles son las condiciones personales bajo las cuales estoy operando en este momento. Hubo varias ocasiones en las que yo me encontraba simplemente exhausto y así seguía durante muchos días. Sintiendo la crisis en mí me preguntaba si era capaz de afrontar o no los retos que se me presentaban", dice Allen. La honestidad consigo mismo es esencial para ser capaz de desarrollar el emprendimiento en otros. Esto quiere decir que, de vez en cuando, tendremos que sacar tiempo para dormir una siesta. "Si podía tomar cinco, diez o quince minutos entre un evento y otro, me acostaba rápidamente y cerraba mis ojos durante ese tiempo. Lo llamábamos una 'siesta de combate'. Me fortalecía. Yo tomaba consciencia de cómo estaba a nivel físico y espiritual, y de inmediato me aseguraba de que mi forma de reaccionar frente a la crisis fuera algo que calmara al comando y no que lo desestabilizara".

El trabajo de un líder es manejar sus reacciones en beneficio de las situaciones. "Lo último que necesitas cuando lideras un grupo es que la gente se alborote durante un crisis comprometiendo de manera negativa su capacidad de tomar decisiones o su habilidad para reaccionar. Querrás sacar toda la energía que produce la crisis e insertar a la situación la calma propia de un comandante. Permanecer tranquilo durante la crisis les permite a todos hacerse cargo de los asuntos por resolver en lugar de atascarse dentro de la energía crítica. Eso es realmente lo deseable en una situación así", dice Allen.

La forma de liderazgo usada por John Allen es un ejemplo de primera categoría que muestra cómo el comportamiento de un líder afecta la capacidad de compromiso de su equipo. Este es un tema que el profesor y autor Jim Kouzes ha estudiado. Analizando los datos de las prácticas de liderazgo de un modelo desarrollado de la mano de Barry Posner, Kouzes encontró que el comportamiento del líder es el factor aislado más determinante para el emprendimiento del personal. Como explica Kouzes, "no se puede predecir la capacidad de emprendimiento del personal basándose en su nivel educativo, teniendo en cuenta si se trata de personas altamente educadas o de gente que nunca asistió a la universidad. Tampoco puede medirse en función del área en la que trabaje, ya sea que se desempeñe en el sector de mercadeo, en finanzas, en ventas o a nivel operativo. Ninguna de estas variables permite predecir o medir el nivel de emprendimiento de un empleado. En cambio, el emprendimiento sí puede darnos una luz al respecto de la forma en que su líder se comporta".

Si se trata de emprendimiento, Kouzes dice: "Los líderes incrementan el emprendimiento en el trabajo cuando hablan claramente sobre sus valores personales y cuando se aseguran de que las personas en su empresa están alineadas con los valores compartidos de la compañía. Los líderes aumentan el emprendimiento cuando ellos también son claros sobre a dónde se dirige el equipo, la unidad de negocios o la compañía, sobre la visión del futuro. Los líderes tienen que imaginar un futuro inspirador y reclutar a las personas en él. A esto le llamamos: 'inspirar una visión compartida'".

Kouzes también dice que los líderes incrementan el emprendimiento y el rendimiento cuando "generan retos en los procesos, impulsan a otros a actuar y alientan a su equipo desde el corazón". Tanto él como su coautor piensan que, cuando los líderes demuestran frecuentemente las "Cinco prácticas del liderazgo ejemplar", tal y como ellos entienden estos términos, la fuerza de trabajo y el emprendimiento aumentan. "No hay duda, el liderazgo ejemplar es muy importante. La pregunta no es: '¿hacen los líderes la diferencia?', claro que la hacen. Lo que debemos preguntarnos es: '¿cómo hacen los líderes una diferencia positiva?'", dice Kouzes.

El emprendimiento como persuasión

El emprendimiento comienza con el contacto uno a uno. Tan básico como suena –y es básico–, muchos líderes lo pasan por alto. Una forma de asumir el emprendimiento es viéndolo como una continua conversación con los empleados. Algo vital para mantener esta conversación es la persuasión. Por ejemplo, Lyndon Johnson usó su capacidad de persuasión para mantener su nación (Estados Unidos) unida durante la depresión que causó el asesinato de Kennedy.

No se trata simplemente de tener una buena capacidad de exponer y hablar –aunque esto ayuda–, es un asunto de conexión entre individuos. Los maestros de la persuasión son aquellas personas que saben cómo entrar en la mente de quienes quieren persuadir, y de qué manera pueden usar sus conocimientos y forma de pensar para acercarlos a sus pensamientos.

Como describe Robert Caro en *El paso del poder, Volumen 4*, el libro en donde cuenta la biografía del expresidente de los Estados Unidos, Lyndon Johnson fue uno de estos maestros de la persuasión. Él puso sus capacidades a prueba cuando fue empujado a la presidencia de la república luego de 'la caída de un grande'.[5]

Un ejemplo que da cuenta de sus capacidades fue la habilidad que tuvo para hacer que Richard Russell trabajara en la Comisión Warren, encargada de investigar el caso del asesinato de Kennedy. Aunque Rusell era viejo y débil, su figura era altamente respetada. Desafortunadamente su participación en la investigación no duró, porque no pudo entenderse con el jefe de justicia encargado de la comisión, Earl Warren. Sin embargo, la conversación entre Johnson y Russell, grabada por el sistema de la Casa Blanca y citado en el libro de Caro, revela el dominio que Johnson tenía del arte de la persuasión. Los análisis de esta grabación revelan tres útiles estrategias:

Haz tu tarea. Johnson sabía que la presencia de Russell en la comisión la dotaría de un sentido de dignidad. Al mismo tiempo, su lealtad le garantizaba a Johnson tener con Russell un par de oídos y ojos dentro de la comisión. Esto era vital para el nuevo presidente que debía siempre estar al tanto de lo que hiciera la comisión.

Entra en la cabeza de la otra persona. Saber qué cosas motivan a la persona que intentas disuadir es esencial. Russell era antes que nada un gran patriota, y Johnson apeló a esta convicción diciéndole a Russell que su participación en la comisión era un deber nacional que no podía ignorar.

Enfoca tu comunicación en el factor motivador. Adapta tu comunicación a la entrega de lo que la otra persona está buscando: atención, reconocimiento o promoción. Johnson hizo esto al involucrar el compromiso que Russell sentía frente al deber nacional, y su deseo de ayudar a su antiguo protegido, Johnson.

Resalta la importancia de la otra persona. Haz que la persona a la que intentas persuadir esté al tanto de lo importante que es para ti y para la compañía entera. Hazla sentirse importante de una manera constructiva. Johnson alabó sin cesar a Russell y esto funcionó, porque Russell se sintió orgulloso de sí mismo.

Haz un seguimiento. Nunca consideres que ya persuadiste a alguien de algo; no des por conquistada tu meta. Necesitas que la otra persona te apoye y sea un soporte para tu proyecto. Continúa aplicando los pasos anteriores para hacer más fácil tu tarea. Johnson permaneció en contacto cercano con Russell durante toda su presidencia. A menudo consultó su opinión y pidió sus consejos.

No te equivoques, puede que haya elementos de manipulación en la persuasión. Johnson seguramente manipuló a Russell y a muchos otros. Sin embargo, los persuasores efectivos son más que manipuladores, ellos basan sus acciones en valores fundamentales que les permiten cimentar sus argumentos. Para Johnson, uno de estos valores era el destino de la república; para los ejecutivos y empresarios, debe ser el destino de los individuos a quienes lideran.

La persuasión es una poderosa herramienta que los líderes usan para unir a la gente en una causa común. Enfocar tu atención en ella te habilitará para acercar a las personas que necesitas y unirlas para el beneficio de la empresa. Desde el punto de vista organizacional, la persuasión es una herramienta que estimula el emprendimiento.

Emprendimiento con conciencia

El emprendimiento es algo que se construye en una relación de uno a uno, por lo tanto no funcionará si el líder mismo no está comprometido con el proceso. Como dice Jim Haudan: "El error más grande que cometen los líderes es levantarse y decir que los trenes han dejado la estación, los barcos están listos para zarpar a un nuevo destino y que estamos consiguiendo a las personas adecuadas para cada puesto del bus". De acuerdo con Haudan, ese tipo de retórica consigue un resultado opuesto al que se busca: "La gente permanece al margen de trenes, barcos y buses". Dicho de otra manera, de acuerdo con Haudan, demasiados gerentes ven al emprendimiento como algo que haces a la gente y no por la gente.

Es necesario que hagas una conexión personal. Haudan usa una analogía de comediantes exitosos. Él nota que Bill Cosby puede alcanzar a tener una audiencia de trescientas personas siguiéndolo después de veinte minutos de verlo en el escenario. En contraste, hay líderes por los que la gente ha trabajado durante veinte años y ninguno cruzaría la calle por ellos. ¿Por qué? Porque, de acuerdo con Haudan, estos ejecutivos "realmente no entienden el rol de la empatía" y la importancia que esta juega validando en otros la noción de importancia propia.

La conexión personal en el trabajo es un elemento importantísimo. Esta conexión solo ocurre cuando líderes y seguidores están en la misma frecuencia. Cuando ambos están conectados con el trabajo y con su propósito, pasan cosas increíbles.

Conecta los puntos

La forma de construir conexiones personales es "conectando los puntos". Esto quiere decir que el líder debe unir el trabajo individual con el trabajo colectivo de un equipo y finalmente con el de toda la organización. Adam Grant de Wharton anota que en las organizaciones, especialmente en las grandes, aquellos que trabajan en grupos funcionales a menudo no ven cómo su trabajo se vincula a toda la empresa. Su investigación muestra que cuando "pones a la gente en contacto con aquellos que se ven beneficiados por sus esfuerzos, obtienes un increíble aumento en la motivación, el desempeño y el rendimiento... El emprendimiento viene de reconocer que tu trabajo es significativo y que otros realmente se benefician de él y lo aprecian".

Un ejemplo que Grant cita es algo que le ocurre a John Deere, fabricante de maquinaria agrícola. La compañía escenifica algo que llama "la ceremonia de la llave de oro". Se trata de un evento para granjeros y familias que están comprando su primer tractor nuevo. Los empleados que ayudaron a ensamblar dicho tractor son invitados a la ceremonia para ver al granjero tomar posesión del tractor, encendiéndolo por primera vez. Como dice Grant: "las caras de felicidad del granjero y su familia son las que en realidad le dan vida al trabajo". Los empleados saben que ese tractor será usado en la agricultura, así que se enorgullecen de este hecho. Grant dice que "con esto alimentan a una familia y después a todas aquellas personas" que se verán beneficiadas por las labores granjeras.

Chester Elton cita el ejemplo de Novartis Oncology. En un evento donde se inauguraban nuevas instalaciones de la empresa, los líderes les pidieron a sus empleados que firmaran con sus nombres en azulejos blancos declarando sus sueños para el futuro de su función laboral. Un empleado puso lo mejor de sí mismo cuando escribió que su sueño era erradicar el cáncer aboliendo la necesidad de que su trabajo fuese realizado. Los azulejos se convirtieron en una escultura ubicada en un lugar central de las instalaciones a la vista de todo el mundo. Ahí yace un testimonio del poder de vincular el trabajo a los sueños personales, para, por último, salvar vidas.

En medicina resulta fácil vincular un propósito al trabajo, pero, ¿qué hay de una cadena de restaurantes que vende filetes de res y cerveza? Como Elton me dijo, Texas Roadhouse ha creado un fondo de asistencia a empleados con el que los empleados contribuyen. Los fondos son distribuidos a los empleados que lo necesitan por medio de la compañía. Incluso venden camisetas para promocionar la causa. Llevando esta noción un paso más adelante, el punto de venta de Texas Roadhouse de Logan, Utah, dona a esta causa la totalidad de sus ganancias, que superan el millón de dólares al año.

La filantropía puede ser una herramienta para el emprendimiento siempre y cuando los empleados contribuyan a esta de buena gana. Un buen ejemplo es la conexión celular (TCC), el minorista más grande de alta calidad de Verizon, con tiendas en más de treinta estados. Con su cede en Carmel, Indiana, TCC tiene unas novecientas tiendas en 34 estados. Scott Moorehead, presidente y director ejecutivo, cree en la filosofía de hacer el bien para hacerlo bien. "Debes dar un paso hacia atrás para ver las cosas en perspectiva y pensar en cuáles son tus valores. Luego, podrás construir tu cultura alrededor de ellos. Intentar erguir una cultura que no resulte de la perspectiva de tus valores es imposible. Tienes que construir la cultura en la que crees, convirtiéndola en tu primer filtro a la hora de tomar cualquier decisión",[6] dijo Moorehead en una reciente entrevista.

"Cuando lo realizas, los clientes cuentan, los empleados cuentan. Su meta original y constante compromiso es construir una compañía donde la gente quiera venir a trabajar", dice Moorehead. Una forma de llegar a esta meta es involucrar a los empleados en acciones de retribución a la comunidad.[7]

Esta cultura se manifiesta en lo que TCC llama "La cultura del bien". El principio bajo el cual opera es: dar a otros con el propósito de crear un ambiente de trabajo donde los empleados sean capaces de comprometerse tanto en su trabajo como dentro de su comunidad. Cada año, los almacenes donan morrales de "regreso a clases" para los niños, y cada almacén es impulsado a participar en actividades de caridad dentro de su comunidad local, ya sea haciendo donaciones económicas o invirtiendo parte de su tiempo en ayudar a otros. Los empleados reciben el doble de salario en los días que invierten participando en actividades de caridad.[8]

Hay un sentido de optimismo que emerge del emprendimiento de los interesados, especialmente los empleados. Mientras que las organizaciones infunden optimismo a través de sus actividades, los líderes lo hacen a través de sus acciones. "Fundamentalmente, creo que la gente desea seguir líderes que los hagan sentir esperanzados y que infundan un visión positiva del mundo. El optimismo parece escaso en estos días, así que aquellos que entusiasman a los demás, en lugar de oprimirlos, serán como imanes; las personas se sentirán inspiradas por ellos y querrán estar a su alrededor", dice Ryan Lance, jefe ejecutivo de ConocoPhillips.

Emprende con tu presencia

La forma en que un líder impulsa el emprendimiento naturalmente en otros viene de su habilidad de perfeccionar su propio comportamiento y presencia. Mientras que la base del emprendimiento debe ser el poder de una idea, como causa o como meta, el líder debe comunicarse individual y auténticamente.

Una figura que lo exprese podría ser la de un director musical. En un gran ensayo para el *Wall Street Journal*, Christopher Seaman delinea las formas en que los directores pueden emprender físicamente a los músicos en una orquesta. La primera es con el bastón de mando, por lo general sostenido en la mano derecha, aunque hay zurdos en el podio. El bastón de mando ajusta el tempo, pero es también una medida de la expresividad. La mano libre o bien hace eco del movimiento de la batuta o subraya la música. Por ejemplo, como escribe Seaman, un movimiento de "caricia de gato" connota notas sostenidas, mientras que un movimiento de "picar" hace lo contrario, pidiendo notas rápidas y cortas.

Es con la mirada que los directores realmente se conectan. Arturo Toscanini, el gran intérprete de ópera italiana, así como Beethoven, tenían ojos que un director diría que podían comunicarse sin una sola palabra. En un nivel más humano, anota Seaman, los ojos de un director irradian conexión: "le dan a cada músico un fuerte sentimiento de participación". Si el director no mira en su dirección, ellos se enfocan en su propia interpretación.

Si estas técnicas fallan, el director siempre puede recurrir a su temperamento, dejando fluir un volcán de insultos diseñado para humillar a cada individuo y aterrorizar a la orquesta entera. En realidad, semejantes despliegues de temperamento son más parte de un show. Estas personas son profesionales y quieren ser tratados como tal. Así que, cuando se enfrentan con un director al que no respetan, hacen lo que cualquier empleado (o seguidor) haría en su lugar: no le ponen atención.

Con todo, incluso en la labor de los directores hay aspectos desconocidos, escribe Seaman. "Dirigir... es un arte bastante misterioso. No tengo idea de qué hacer ahí arriba", dijo el director Carlo Maria Giulini. Afortunadamente los músicos de la orquesta sí saben, porque Giulini, junto con otros grandes directores, fue conocido por su habilidad para darle vida a la música y, más importante que eso, por ponerle el alma a su dirección, creando grandes momentos de música.[9]

El emprendimiento, entonces, puede ser también algo físico. Mientras que un jefe puede no tener un bastón de mando —o al menos eso esperamos—, sí puede usar su presencia como instrumento. Eso quiere decir que deberá sacar tiempo para estar físicamente presente. Imagina a un director de escuela emprendedor. Se parará frente a la entrada de la escuela y saludará a sus estudiantes llamándolos por su nombre. Una vez vi al director de una universidad andar por los pasillos de las facultades mientras reconocía a todo el mundo que veía, estudiante o miembro de la facultad.

Verlo andar entre la multitud era algo casi mágico, pero también algo muy demandante que le tomaba mucho tiempo realizar. Le tomó tres veces el tiempo normal atravesar un salón debido a las conexiones que estableció con muchas personas. Consume tiempo, seguro, pero es una buena inversión de tiempo, porque el líder se invierte a sí mismo en la vida de la organización. La presencia física es algo esencial y les permite a los demás conocer su importancia. La presencia física en un lugar es demandante, pero los líderes globales enfrentan una tarea aún más desalentadora, porque la gente que dirigen se encuentra repartida en distintos continentes. Los grandes líderes que conozco, que trabajan el emprendimiento con un personal a nivel global, lo hacen a través de medios electrónicos, incluyendo video, y también sacan tiempo de donde sea para visitar a sus empleados estén donde estén.

Mientras que la presencia física nutre la capacidad de emprendimiento, es la idea de un propósito –por qué hacemos lo que hacemos– la que la sostiene. Los líderes efectivos usan el poder del propósito –llevar las cosas al término esperado– para realmente unir a las personas. Para esto podemos ver el ejemplo de una organización que ha estado presente en el mundo desde el siglo XVII.

Cómo la Marina Real se mantiene vigente

El emprendimiento a gran escala debe estar cimentado en valores institucionales. Un gran ejemplo de esto lo da la Gran Marina Real Británica. "Aquellos que no pueden recordar el pasado, están condenados a repetirlo" escribió el filósofo George Santayana. Pero, con demasiada frecuencia, el conocimiento de la historia institucional puede atrapar una organización en el *statu quo* y el fango en la mediocridad. Es por esto que las instituciones que llevan mucho tiempo existiendo están encontrando formas de revigorizarse sacando fuerza de sus legados.

Una de estas organizaciones es la Marina Real británica. De acuerdo con Andrew St. George, profesor de administración y autor de *Royal Navy Way of Leadership*, esta institución con cuatrocientos años de experiencia se mantiene vigente combinando su herencia con la responsabilidad de atender en el momento en que el deber llama.

Un ejemplo de la anterior lección es un memorando que el Almirante Horatio Nelson les escribió a los capitanes de los barcos de su armada poco antes de la batalla de Trafalgar. Aunque este contenía planes sobre la batalla, también venía con dos advertencias. La primera: estén preparados para lo inesperado. Como Nelson dice, algo debe ser dejado al azar, desde que los estragos reinan en la batalla. La segunda es que los capitanes tienen el reto de mantenerse en línea, pero, si llegan a separarse, Nelson añade con entusiasmo: "Ningún capitán puede hacer mal si ubica su barco cerca al del enemigo". Como St. George anota, cualquier oficial mayor en la actual Marina Real carga consigo una copia del memorando de Nelson.

La Marina Real nutre su tradición a través de su cultura. "El poder de la Marina Real es centrarse en lo que los individuos realmente hicieron en grandes y pequeñas situaciones, proporcionando así la inspiración necesaria para enfrentar nuevos retos mientras se deja saber que la naturaleza de esos retos y las responsabilidades de los líderes con ellos son siempre cambiantes. Se trata de una historia sin final", anota St. George en un artículo pata el *McKinsey Quarterly*.

La Marina Real conduce su cultura a través del emprendimiento que se enfoca en la moral, manteniendo a marineros y marinos con buen ánimo. Esto último se fomentaba en juegos, en el comedor y en ejercicios realizados fuera de las naves. En otras palabras, es importante hablar de emprendimiento, pero debes motivarlo a través de acciones y actividades. Y funciona. En la puesta en común de un accidente de graves inundaciones, el informe oficial de la investigación señaló que "La moral se mantuvo alta... y que los equipos se mantuvieron alegres y entusiastas... y los marines comentaron que la presencia, liderazgo y buen humor de los altos directivos les dio la tranquilidad y la confianza que necesitaban para saber que el barco iba a sobrevivir". Lo que hace la Marina Real no es único. Yo diría que los marines estadounidenses fomentan el mismo tipo de reverencia institucional equilibrada por la necesidad de actuar de forma independiente, cuidando de los compañeros marines primero y siempre. La pregunta para aquellos de nosotros en el área corporativa es esta: ¿Qué puedo hacer para fomentar este tipo de balance? Déjame hacerte algunas sugerencias basadas en mis observaciones durante el trabajo con exitosas organizaciones.

1. *Reverencia el pasado, pero no seas su prisionero.* El reto consiste en hacer que tu historia te recuerde qué debería hacer cada persona para continuar con la misión. La tradición se preserva, pero los procesos y procedimientos cambian. Permite a tus empleados hacer cambios que complementen las necesidades cambiantes, aunque respetando los valores de la organización. Esto quiere decir que la frase "así lo hemos hecho siempre" no debe convertirse en una política cuando las necesidades y las expectativas cambian.

2. *Cuenta historias individuales.* Las organizaciones no logran nada; son las personas dentro de

ellas las que hacen el trabajo. Permite a la gente hablar sobre lo que ha hecho y por qué lo ha hecho. Lleva a cabo sesiones de "lecciones aprendidas" después de cada iniciativa importante. Invita a los empleados a hablar sobre si ellos hubieran actuado de la misma manera o diferente. Usa las falencias como "momentos de aprendizaje", no para acusar o avergonzar.

3. *Enfócate en el emprendimiento.* Las personas no trabajan para instituciones *per se*, trabajan para otras personas. La responsabilidad de un líder es vincular el trabajo individual de un empleado con la misión de la organización. Demuestra cómo el trabajo individual complementa los logros del equipo. Mantén la responsabilidad de las personas tanto para lo bueno como para lo malo. Permanece de buen ánimo y encuentra maneras de retribuir las metas alcanzadas.

No es una sorpresa que estos sean principios tomados de la Marina Real, pero no es necesario que uses un uniforme y jures lealtad a la reina para que puedas ponerlos en práctica. Estos principios aplican a todo tipo de organizaciones, incluyendo aquellas que están empezando. Puede que tu historia sea medida en décadas en lugar de siglos, pero en ese tiempo acumularás experiencia. Si estás atento, a menudo las falencias pueden convertirse en lecciones que beneficiarán a tu equipo y a tus clientes si realizas los ajustes necesarios y te comprometes a seguir mejorando.[10]

Haz que la historia trabaje para ti, no en tu contra y, cuando hagas esto, tu legado será tal que las personas lo integrarán a su propio futuro. ¡Tal y como la Marina Real lo ha hecho durante siglos! La historia refuerza el propósito.

Administrando sin jefes

El estímulo del emprendimiento puede venir de reinventar la forma en que el trabajo se hace. Este es un acercamiento adoptado por la compañía Morning Star, la empresa más grande de procesamiento de tomate en el mundo, con sede principal en Woodland, California. Como es perfilado por Gary Hamel, autor y experto en gestión, Morning Star es un lugar donde no existen jefes, los fondos corporativos son gastados por los empleados, nadie tiene un título y las compensaciones que se entregan son revisadas entre pares. En Morning Star, se espera que los empleados sean responsables de lo que deben hacer para dejar listo su trabajo. Como lo señala Hamel, ellos "hacen de la misión el jefe". En este sentido, las personas están enfocadas tanto en la tarea como en la forma en que la tarea complementa a la organización como totalidad. De acuerdo con Hamel, para el "lugar de trabajo libre de administrador" existen seis ventajas:

1. *Más iniciativa.* Al definir el trabajo como la misión, "la gente tiene la autoridad para actuar" y también es reconocida por lo que hace. Así, la gente siente compromiso y emprende el trabajo.

2. *Más experticia.* La calidad es responsabilidad de todos. "Los expertos no son los administradores... ellos son solo personas haciendo su trabajo". En este sentido, la experticia es aplicada donde más importa: allí donde el trabajo se hace (este es un concepto fundamental que está detrás de *gem-*

ba, una técnica japonesa de administración cuyo valor se deriva del lugar de trabajo).

3. *Más flexibilidad.* La estructura de Morning Star es como una formación de nubes que vienen y van. En otras palabras, se aplica la estructura necesaria para hacer el trabajo, en lugar de hacer que el trabajo esté al servicio de la estructura, como ocurre en la mayoría de las organizaciones.

4. *Más colegialidad.* Sin rango, las personas se sienten más libres de trabajar en conjunto. Colaboran para hacer el trabajo sin mirar los puntos que acumulan para ascender en sus carreras.

5. *Mejor juicio.* Con el trabajo como misión, la labor es lo primero. Pensar en qué es la labor y cómo puedes hacerla mejor permite a los demás tomar decisiones que beneficien el flujo de trabajo. Morning Star educa a su personal ofreciéndole cursos de negociación y análisis financiero.

6. *Más lealtad.* Si te gusta pensar y actuar por ti mismo con el fin de tener el trabajo hecho, Morning Star es un gran lugar para trabajar. Las personas se adhieren unas a otras. Esto aplica incluso para trabajadores de temporada que vienen a recoger tomates.

Claro, la perspectiva de Morning Star no es para todo el mundo. De acuerdo con Hamel, este modelo de autoadministración presenta dificultades. A las personas les toma tiempo encajar en él y no todo el mundo lo logra. La contabilidad puede ser un asunto complicado, al igual que la idea de una carrera ascendente. De cualquier manera, lo aplicable es la posibilidad de aproximarse de una forma distinta al trabajo donde los empleados tienen más voz en cuanto a lo que hacen en sus labores.[11]

Las organizaciones "libres de jefe" funcionan bien cuando el trabajo está definido y la ejecución es preciada. Un personal bien entrenado puede cumplir con sus objetivos sin una constante supervisión. Sin embargo, cuando la creatividad es requerida, un jefe se hace necesario para crear las condiciones donde la innovación puede florecer. Este es el caso de Menlo Innovations.

Fomentar el emprendimiento

En Menlo Innovations los empleados trabajan en un lugar abierto. "Nada de muros, oficinas, cubículos o puertas. Todos trabajamos en un ambiente que no está esparcido por todo el planeta. Y creemos que esto es realmente importante. Pensamos que en algún momento perdimos nuestro camino como sociedad cuando creímos que era posible tener equipos humanos esparcidos alrededor de múltiples geografías y además esperamos que se desempeñaran tan bien o tan eficazmente como los equipos que están compartiendo el mismo espacio juntos", dice el director ejecutivo Rich Sheridan, quien profundiza sobre su perspectiva en su libro *Joy, Inc.: How We Built a Workplace People Love.*[12]

El modelo de equipo de trabajo usado en Menlo Innovation es el mismo que usan los equipos deportivos. Como Sheridan dijo en una entrevista: "están en el campo juntos, hombro a hombro... No creo que pueda formarse un equipo, en el verdadero sentido de la palabra, si sus integrantes no pasan tiempo juntos. Escogimos un camino diferente gracias a nuestro sistema de creencias compartidas".

Esta apertura tiene la virtud de construir *esprit de corps* (espíritu de equipo), pero no es fácil de mantener en marcha día a día, mes a mes. "Cada día en Menlo, son seres humanos los que atraviesan la puerta. Tienen asuntos pendientes en casa, con sus padres, sus hijos y sus amigos. Tienen una vida personal... tal vez deben resolver algo al nivel de su salud. Por más que queramos, ninguno de esos asuntos se queda tras la puerta cuando ellos entran, porque estamos hablando de seres humanos. No es posible para ellos dejar esas cosas atrás", dice Sheridan.

Corresponde a los individuos organizar y resolver los problemas que amenazan la armonía del lugar de trabajo. No todo el mundo puede hacerlo, pero, con los años, se ha establecido una cultura.

El emprendimiento como compromiso

Un elemento del emprendimiento que las organizaciones a menudo pasan por alto es el compromiso. Jim Haudan, jefe ejecutivo de Root, cree firmemente que los empleados se sienten más comprometidos cuando trabajan en lugares donde desarrollan un sentido de pertenencia. En parte, este concepto se deriva de la idea que tiene Haudan de ver a los empleados como clientes. Adoptar esta forma de ver las cosas inclina la balanza hacia qué podemos hacer *con* el empleado en lugar de qué podemos hacer *por* él. Crear una conexión personal entre el empleado y su trabajo es algo fundamental para el emprendimiento y el compromiso, pero lo más importante es que con esto se enlaza al empleado con la empresa. Una vez que un empleado se sienta conectado, irá un poco más adelante para conseguir los resultados deseados.

En *Root*, la gestión fomenta el compromiso de muchas maneras. Uno de los métodos es tomado de algo que Haudan presenció en la Universidad de Lourdes, en Ohio. A los estudiantes de primer año se les da un medallón de cerámica. Cuando se gradúan, entregan el medallón a la persona en la universidad que más les haya ayudado durante su proceso. Haudan adaptó este concepto para dar un reconocimiento a los empleados. A todos se les entregaba un árbol y luego se les pedía que le entregaran ese árbol a la persona que más los hubiera ayudado y que los hiciera sentir parte de Root.

El equipo de Menlo Innovation hace algo similar. Sheridan dice: "tenemos sesiones de grupo, reuniones trimestrales para hablar de negocios o un almuerzo de aprendizaje sobre algún concepto en el que estamos trabajando. Y, francamente, en algunas ocasiones lo que discutimos es difícil; cuando, por ejemplo, hay algún aspecto del equipo que necesitamos mejorar y hablamos de ello, puedes empezar a ver que algunas personas se crispan un poco porque creen que las cosas deberían hacerse de una u otra forma. Cada cual cree que debería hacerse a su manera".

Como es importante no permitir que la reunión termine en un ambiente apagado, Menlo adoptó una práctica de Zingerman, una de las más grandes compañías de comida premier (que también tiene su sede principal en Ann Arbor). Se llama "agradecimientos". Como dice Sheridan, "Es como un comentario tipo *popcorn* al final, donde alguien dice: '¿sabes? Agradezco mucho que, a pesar de haber discutido sobre conceptos realmente complicados, todos quisieron levantar su voz y hacer saber su opinión'. Y alguien más responde: 'Yo realmente agradecí el momento en que tal colega compartió con nosotros sus sentimientos acerca de esta situación'. Y finalmente alguien más: 'Yo agradezco el ambiente que fomentamos entre nosotros, que nos permite permanecer unidos'. Y, amigo mío, cuando haces eso al final de una reunión, no importa qué tan difícil haya sido, todos salen con un increíble sentimiento de cercanía frente a los demás, frente a equipos de trabajo y el equipo de la empresa en general. Es mágico".

Hay una cosa más en la que Haudan cree: el humor. En Root hay una práctica llamada *"Rooties y Tooties"*. Los Rooties son premiados por su buen trabajo, como en los premios Oscar. Y un Tootie es una parodia de un compañero de trabajo. Por ejemplo, Haudan ha sido satirizado por miembros del personal por ser demasiado prolijo en sus presentaciones o por no hacer ningún trabajo en realidad. En broma, dicen que es su asistente ejecutivo quien hace todo su trabajo. Al alentar tal comedia, la compañía rompe barreras, y las personas se tratan unas a otras como personas. La informalidad tiene relevancia.

Divertirse es importante, y cualquiera que sea el método que uses es un medio para hacer una conexión entre una persona y otra. Esta conexión facilita el compromiso con el trabajo y también con colegas e incluso con jefes. Esto es fundamental para estimular y aumentar el emprendimiento.

El emprendimiento puede significar algo diferente para cada persona, pero, en el fondo, puede resumirse en el deseo de crear una atmósfera laboral donde la gente se siente apreciada y está motivada para hacer un buen trabajo.

Consideración de cierre: emprendimiento

Un líder es más que la suma de sus logros. Un líder es juzgado por qué tanto permite a los demás conseguir sus metas de formas que beneficien a la compañía entera. Esa es la esencia del emprendimiento: unir a las personas con un propósito común.

Cuando la gente se une con un propósito, puede alcanzar cosas que no hubiese creído posibles. Ese es el secreto del emprendimiento positivo. Las personas aplican sus propias habilidades, individual y colectivamente, con el fin de conseguir resultados deseables y sustanciales.

Emprendimiento = Personas + Compromiso

Preguntas de liderazgo

- ¿Qué estás haciendo para conectarte de manera más efectiva con otros?
- ¿Qué crees que podrías estar haciendo mejor?
- ¿Qué cambios podrías hacer para lograr que las conexiones personales sean una prioridad clave?

Directivas de liderazgo

- El emprendimiento es el proceso de conectar a una persona con otra. Aprende a trabajar con y para otros como un medio para alcanzar objetivos de beneficio mutuo.

- Lo primero en el emprendimiento es la comunicación. Usa tus palabras para iniciar una conexión, pero fortalece esa conexión con acciones.

- Nuestra conducta establece la forma en que otros nos consideran. Adopta una perspectiva de tratar de ayudar, antes que de enfrentar o interrumpir. Este enfoque promueve una mayor apertura.

- Reforzamos el emprendimiento a través de nuestras acciones. Considera qué tan bien llegas a los demás, escucha lo que tengan por decir y pon atención a sus ideas.

- Lidera con un sentido de inclusividad. Esto quiere decir, mantén a la gente informada de noticias, al tanto de las situaciones y comprometida con el trabajo.

Apéndice

Tu manual de *EL LÍDER MOXIE*: Haz que MOXIE funcione para ti

Los individuos con MOXIE, como se ha visto en este libro, son aquellos que buscan hacer una diferencia positiva en sus vidas y en las vidas de aquellos a su alrededor. Los líderes con MOXIE poseen el coraje de ser tenidos en cuenta, se levantan y actúan, y tienen el deseo de obtener reconocimiento tanto para sus equipos de trabajo como para sí mismos. Este manual te dará los pasos a seguir en acciones concretas que puedes aplicar para hacer que MOXIE funcione para ti. La primera parte se enfoca en la motivación; la segunda parte provee consejos motivacionales de expertos que he citado a lo largo de este libro; y la tercera parte se concentra en las acciones sugeridas en capítulos de este libro.

Motivación = Deseo + Fuerza de voluntad

Parte 1: automotivación

Los líderes por naturaleza se enfocan en aquello que está a su alrededor más que en sí mismos, y es por esto que las técnicas de la mente atenta son útiles. Hay algo más que los líderes deben hacer, pues su organización lo espera: deben estar motivados, impulsados a seguir adelante como a desarrollar sus capacidades y talentos. Generalmente, los líderes son buenos impulsando, pero en ocasiones ignoran sus propias necesidades, y una de ellas es mantener su propio nivel de energía, física, mental y espiritualmente. A continuación hay algunas sugerencias.

Para mantener tu cuerpo energizado...

- Ejercítate cuando sea posible. Sé de muchos ejecutivos que encuentran la manera de mantenerse en forma, incluso cuando deben viajar y el tiempo juega en su contra. Si no puedes ir a tu gimnasio local o a tu lugar personal de ejercicio, ve a correr o practica calistenia en tu cuarto de hotel.

- Come correctamente. Todo con moderación, como solía decir mí doctor en medicina. Eso incluye alcohol y las comidas que pueden ser deliciosas pero no tan buenas para nosotros como lo son las verduras o el tofu.

Para mantener tu mente energizada...

- Visita a tus empleados. Asegúrate de ir a donde las personas trabajan. Adopta su perspectiva cuando se aproximan a su trabajo. Te dará un punto de vista diferente sobre qué tan bien están saliendo las cosas.

- Mantén el contacto con los clientes. A estos tipos son a los que debes servir en tu negocio. Encuentra la forma de saber cómo están usando tus productos o servicios.

- Conoce tu competencia. El ansia de competir surge profundamente de nuestro código genético. Es parte de la autopreservación. Aprende de aquello que tu competencia esté haciendo bien tanto como de lo que está haciendo mal.

- Mantente actualizado con literatura propia de tu campo. No es muy complicado porque estos textos se encuentran con facilidad.

- Lee por placer. Esto es difícil para algunos, porque, si inviertes mucho tiempo trabajando y leyendo material de tu disciplina, puede ser duro encontrar un momento para abrir un libro. Con todo, muchos ejecutivos lo hacen. Lee lo que disfrutes: ficción, biografías, historia, historia militar. Todos estos temas estimulan nuestras mentes.

- Viaja por placer. Visita nuevos y diferentes lugares. Cuando estamos en un lugar desconocido, absorbemos la vista, los sonidos, los olores que no nos son familiares. Esto despierta nuestros sentidos y nos mantiene alerta.

Para mantener tu espíritu energizado...

- Reflexiona. Haz tiempo en el día para ganar perspectiva. Puedes hacerlo en solitario o con un colega de confianza (ver más sugerencias en la sección Mente atenta en la parte 3).

- Medita. A algunos líderes les gusta practicar la meditación. Tengo amigos que meditan durante treinta minutos en el día. Otros encuentran cinco momentos de calma para sentarse y desocupar su mente de pensamientos. Es una forma de apagar el mundo exterior y entrar en contacto con nuestro ser interior.

Parte 2: Consejos de expertos

Comprende qué señales te dan
Ryan Lance, jefe ejecutivo de ConocoPhillips.

Ryan Lance le da el crédito a su crianza, por haberlo moldeado y hacer de él la persona que es hoy.

Crecer en una granja con fuertes modelos de comportamiento como los de mi padre y mi abuelo me hizo un fuerte y ético trabajador, orgulloso de mi trabajo; me dio una especie de fortaleza mental. Adicionalmente, lo más importante: crecer en una granja me enseñó humildad. Me gusta ganar, pero no a cualquier precio.

Veo los negocios a través de muchas de las enseñanzas de mi juventud. Quiero hacer parte de la creación de algo que saque lo mejor de cada uno. Quiero ser conocido por mis altos estándares éticos y mi conjunto de valores morales fundamentales. Creo que eso se enlaza y se multiplica con la pasión y el amor que siento por lo que hago.

Construye tu sueño

Rich Sheridan, cofundador y jefe ejecutivo de Menlo Innovations y autor de *Joy, Inc.*

La inclinación de Rich Sheridan hacia la iniciativa empresarial comenzó temprano.

Me encantaba hacer cosas, ya fuera con bloques de madera, fichas de Lego o cubos de armar. Creo que mi ingeniero interior se deleitaba no solo construyendo cosas, sino también haciendo que los demás se deslumbraran con ellas. Eso ha sido algo central en mi vida, construir cosas que deslumbren a otras personas. Se trata de ese momento en el que eres un niño y tus padres miran algo que hiciste y dicen: "Wow, es asombroso. ¿Cómo hiciste eso?".

El verdadero deslumbramiento era ese, yo quería trabajar en algo para las demás personas, algo que con el tiempo fuera tal vez más grande que yo mismo. Y de ahí vino gran parte de mi motivación. Pero hubo momentos en mi carrera, momentos largos, en donde eso no estaba ocurriendo. Estaba frustrado porque sentía que había una barrera entre lo que yo era y las cosas que estaba intentando hacer en el mundo para deslumbrar a otros. Y eso modificó mi motivación hacia un mejor entendimiento de cómo crear un sistema que me permitiera entregar ese tipo de resultados una y otra vez.

Conoce lo que te gusta hacer

Jim Kouzes, ejecutivo de liderazgo de Dean Executive, egresado de la Escuela de negocios Leavy de la Universidad de Santa Clara, coautor con Barry Posner de más de treinta libros y manuales, incluido *El desafío del liderazgo.*

El aprendizaje permanente ha moldeado las perspectivas de Jim Kouzes sobre su vida y su carrera.

Adoro aprender. Hago lo que hago porque logro aprender una cosa nueva cada día. Eso es lo que en realidad me motiva a seguir haciendo lo que hago... tengo el hábito de leer y aprender a diario. Aparto dos horas de cada mañana. Así es como me mantengo actualizado en mi campo. Aprender requiere disciplina y automotivación; tienes que sacarle tiempo y espacio.

No tengas miedo de arriesgarte

Donald Altman, MA, LPC, psicoterapeuta; autor *best seller* de *The Mindfulness Code* y *One-Minute Mindfulness*. Como psicoterapeuta, aconseja a otros profundizar en su conocimiento, y él sigue su propio consejo.

Yo esperaba moverme en áreas donde me sintiera incómodo, y que las personas me ayudaran a triunfar de formas que ni siquiera hubiese imaginado. Creo que todos necesitamos darnos la oportunidad de desenvolvernos en áreas que no necesariamente son nuestro fuerte. Cuando lo hacemos, esas nuevas avenidas y conocimientos se abren para nosotros y nos permiten ir a nuestro pensamiento pasado, donde decíamos 'Oh, yo no puedo hacer aquello', o 'No puedo lograr esto'; descubrimos que, como suele decirse, 'La necesidad es la madre de la invención'. La necesidad es también lo que puede ayudarnos a crecer y proveernos algunas de las mejores oportunidades de nuestras vidas.

Conoce tu recorrido

General John Allen, USMC (retirado), Comandante de las fuerzas NATO en Afganistán (2009–2011) y diputado especial en Oriente Medio para el Secretario de Estado John Kerry.

Para el General John Allen, la historia es un motivador social. Además, la historia es también algo personal para él, quien, junto con la familia de su esposa, viene de una tradición de cien años de servicio:

La historia para los marines es casi un asunto genealógico. Mantener la fe en nuestras tradiciones, mantener la fe en nuestro servicio, mantener la fe entre nosotros como marines, *semper fidelis* (lema de fidelidad de los marines), que siempre está lleno de fe, no es algo que usamos a la ligera o que se intercambia como asunto de nuestra historia... También tengo un importante sentido de la historia de mi familia, al que le doy mi fe. También le entrego mi fe a mi religión. Entonces todas estas cosas hacen parte de mí al cumplir mi deber.

Haz que las cosas sucedan

Fernando Aguirre, jefe ejecutivo formador de *Chiquita Brands.*

Fernando Aguirre cree que si quieres triunfar debes hacer que las cosas sucedan. Mientras crecía en Ciudad de México era una estrella del béisbol, jugó y ganó en los equipos nacionales triunfadores tres veces entre los doce y los quince años. Sus ambiciones, sin embargo, se extendieron más allá del béisbol. Él quería aprender inglés para poder estudiar en Estados Unidos. Aguirre dice:

Lo que hice a los diecisiete años fue bastante aventurero para ese entonces. No oías hablar seguido de intercambios académicos internacionales para estudiantes. Trabajé durante un año para mi abuelo vendiendo carros, o yo creía que vendía carros, y ahorraba para pagar el equivalente de $750 dólares para convertirme en estudiante de intercambio internacional durante un año. Como mis padres no podían pagar esa cantidad de dinero, me acerqué a ellos y les dije "Me voy a Estados Unidos". A lo que ellos contestaron "No, no te vas, porque no podemos pagar por eso". Entonces dije "Ya lo pagué yo". Y ellos no podían creerlo. Pagué mis $750 dólares y compré mi año a bordo. Esa es probablemente la mejor decisión que he tomado en mi vida.

Vence tus miedos

Adam Grant, profesor de administración en la Universidad Wharton School de Pennsylvania, y autor de *Dar y Recibir*.

Adam Grant era un competitivo buzo en su juventud. No era fácil porque Grant tenía miedo de las alturas, y la idea de ponerse de pie en una plataforma de altura lo ponía nervioso. Sin embargo, perseveró, incluso hasta llegar a las competencias olímpicas de Estados Unidos un año. También tuvo que enfrentar un miedo en su vida después del buceo. Los miedos no desaparecen solos. Requiere práctica y a menudo la experticia de entrenadores y mentores, a los que Grant les da el crédito por ayudarle a convertirse en un mejor buzo y eventualmente a poder hablar en público:

Como alguien que le tiene miedo a las alturas y a hablar en público, saltar de una plataforma de 33 pies y nueve pulgadas para caer en el agua a 35 millas por hora me resultaba muchísimo más aterrador que la preparación para sentirme seguro en un escenario.

Desea ayudar

Doug Conant, jefe ejecutivo formador en Campbell Soup Company, y autor *best seller* del libro *TouchPoints*.

A menudo puedes motivarte viendo en qué puedes resultar útil para los demás. Este es el enfoque en el que se basa Doug Conant.

He descubierto que lo que me mantiene activo en el juego todo el tiempo es poder decirle a otro: "¿Cómo puedo ayudarte?", tener una actitud de ayuda frente a cada reto y cada asunto pendiente. Esto me ubica en una situación donde mi mente está atenta para entender qué está sucediendo y así encontrar una forma de añadir valor a la situación.

Nunca dejes de creer en ti mismo

Jim Haudan, jefe ejecutivo de Root, Inc.; autor de *El arte del compromiso*.

Jim Haudan cree profundamente en que los líderes deben entregarse y comprometerse con su gente tanto como con su trabajo. Las palabras clave de su pensamiento son 'fe', 'fuego', 'enfoque'.

FE... fe en mi habilidad para sobresalir, para contribuir, para ser un campeón. Un campeón es alguien que cree en sí mismo cuando nadie más lo hace. La fe es también la profunda creencia de que el único que puede sacarme del campo de juego soy yo mismo... y el único que puede hacerme llegar al campo también soy yo.

FUEGO es pasión... este ingrediente intangible supera a todos los demás. Si la vida fuera un juego de piedra, papel o tijera, el fuego sería el comodín que todo lo gana. La pasión le gana a la habilidad, genera nuestras mejores ideas y sobrepasa las barreras que normalmente aceptaríamos. La pasión no acepta límites.

ENFOQUE es la preparación implacable, las rutinas impecables para el éxito que excluyen todo lo demás... visualizando únicamente el resultado.

Porque los líderes como los miedos son a menudo solo ilusiones... FE... FUEGO... y ENFOQUE son los "cazadores de la ilusión".[1]

Ve el futuro como una posibilidad

Mark Goulston, MD, fundador líder de *Heartfelt* y autor de *¡Solo escucha!*

Mark Goulston es un agudo observador y, como tal, su capacidad de observación junto con su percepción de profundidad le proporcionan ideas de las que otros extraen sabiduría.

Creo que lo que me motiva es ser capaz de ver lo que está oculto a plena vista, el elefante en el cuarto que se interpone en la vía del progreso que lleva a todas las grandes oportunidades y al éxito. Cuando trabajo con personas, siempre estoy dispuesto a escucharlas y a describir un futuro y una marca personal con la que se identifiquen. La prueba de que has llegado a semejante potencial de visión te llega cuando rompen el contacto visual contigo, miran al techo para reflexionar sobre la conversación que están teniendo contigo. Luego, vuelven a ti con una sonrisa y te dicen: "¿En realidad podría yo ser y hacer eso de lo que usted está hablando?" Ese es siempre un buen comienzo.

Aprecia a tu familia

Chester Elton, "el apóstol de la apreciación" y coautor con Adrian Gotick de *El principio de la zanahoria, La revolución de la naranja,* y *All In.*

Chester Elton cree fuertemente en la familia. La suya propia está muy unida y de ella obtiene todo el consuelo y la fortaleza que necesita.

Creo que cuando tienes familia e hijos estás bastante motivado a pagar tu hipoteca. Es realmente interesante. La forma en que siempre seguí adelante fue pensando cuán afortunado era de estar donde estaba y cuán agradecido estaba por eso; pensaba en cuántas personas querrían estar en mi lugar. Lo que hice fue nunca asumir que lo tenía todo ganado. Trabajé asegurándome no solo de dejar en alto el nombre de la compañía para la que trabajaba, sino también de hacer honor a mi familia y a su nombre. Esas siempre fueron grandes motivaciones para mí. Siempre permanecí agradecido, pero sabiendo que no había llegado a donde estaba por pura suerte, que muchas personas habían contribuido con mis triunfos. Mi gran motivación fue nunca defraudar a esas personas, así que siempre di lo mejor de mí cada día.

Los buenos líderes que he conocido toman grandes principios para construir equipos sólidos de trabajo y ayudan a sus empleados a formar un buen hogar dentro de sus propias familias. Esto realmente ayuda.

Es bastante divertido. Tomamos todos estos principios para formar equipos geniales de trabajo, y luego estos tipos van a sus casas y tienen familias completamente disfuncionales. Yo digo: "Idiota. ¡Toma todo lo que aprendes en el trabajo y aplícalo en tu casa!".

Parte 3: Pasos para entrar en acción

Mente atenta - *Sé consciente del mundo que te rodea.*

- Haz un balance de tu situación cada día. Pregúntate qué cosas te están sucediendo y qué cosas no.

- Encuentra formas de enseñarles a otros a estar atentos a la manera en que interactúan con sus colegas. Dar el ejemplo correcto es la mejor manera de enseñar.

- Ejercita tu paciencia. Recuerda, la paciencia es un acto de control. Tal vez no puedas controlar la situación, pero siempre puedes controlar tu reacción ante ella.

- Haz tiempo para disfrutar de algo sencillo cada día: tu café en la mañana, tu ejercicio diario o tu caminata a un lugar especial. Saborea ese momento.

Oportunidad - *Ve potencia donde otros solo ven problemas.*

- Busca los retos que está enfrentado tu equipo. Pregúntate a ti mismo qué necesitan para superarlos.

- Examina los obstáculos. ¿Son reales o imaginarios? ¿Tienes los recursos para vencerlos?

- Pregúntate qué iniciativas vale la pena seguir y por qué. Ir más lejos de lo necesario puede ser un exceso para tu equipo.

- Considera el talento de tu equipo. ¿Tienes las personas adecuadas en el lugar preciso para triunfar? Si no es así, ¿necesitas darles más entrenamiento y desarrollar sus oportunidades?

- Sé realista. No cada obstáculo necesita ser superado, a veces lo mejor es dejarlo pasar. Ahorra tus recursos para retos futuros.

Factor X - *Demuestra "las cosas correctas" del liderazgo.*

- El carácter es fundamental para liderar. ¿El ejemplo que das se cimienta en la integridad?

- ¿Cómo estás canalizando la ambición para ti mismo o para tu equipo?

- La creatividad es esencial para pensar diferente. ¿Te provees el suficiente estímulo como para permitir que la llama de tu creatividad alumbre?

- ¿Cómo estás demostrando tu capacidad de recuperación? Los líderes ingeniosos no se dan por vencidos de inmediato. Perseveran. Y aunque no pueden tener éxito todo el tiempo, de la forma en que batallan contra la adversidad irradia su carácter.

- ¿Estás encontrando la forma de insistir en la importancia de la integridad dentro de tu equipo? Las organizaciones fuertes practican de tal manera sus valores que hacen casi imposible para sus empleados tomar una decisión éticamente incorrecta. Esto no significa que sean perfectas, quiere decir que, al practicar tanto sus valores, las personas son recompensadas por actuar correctamente, más que por hacer lo que dice su expediente.

Innovación - *Piensa y actúa diferente.*

- Los equipos que innovan deben hacerlo en un ambiente donde las ideas tienen un gran valor.

- Considera los obstáculos que dificultan la innovación en tu equipo. Estos podrían ser los recursos, el tiempo o incluso la gerencia. ¿Qué puedes hacer para superarlos?

- Los artistas del famoso distrito de Murano (de cristal soplado) en Venecia son invitados a "pensar en vidrio". ¿Cómo estás implementando esta idea en tu equipo?, ¿estás invitándolos a pensar de manera diferente?

- ¿Estás habilitando a las personas para aplicar lecciones aprendidas en experiencias pasadas (incluso del pasado reciente) para resolver problemas que afectan a tu equipo actualmente?

- ¿Cómo estás construyendo una cultura de la innovación? Es decir, ¿estás haciendo de las fallas algo "bueno" (siempre y cuando las fallas vayan en la vía correcta)? Esto significa que las personas intentarán nuevas cosas que complementen —y no entorpezcan— las metas que la organización está intentado alcanzar.

Emprendimiento - *Ve a los demás como contribuidores y colaboradores.*

- Como líder no puedes alcanzar muchas metas en ningún ámbito si estás solo. Necesitas de las habilidades y talentos de otros.

- Considera la forma en que tratas a tus compañeros de equipo. ¿Son personas con las que quieres trabajar o con las que te toca trabajar? ¿Puedes cambiar algunas dinámicas entre ustedes?

- ¿Cómo les haces saber a los demás que los ves como contribuidores? ¿Reconoces su trabajo o lo ignoras hasta que algo sale mal?

- Considera lo que significa la colaboración. Para triunfar, los colaboradores a veces combinan sus ideas para crear algo que es mayor a la suma de sus partes. Esto requiere algo de sacrificio de nuestro orgullo. ¿Qué clase de contribuidor eres tú?, ¿qué podrías estar haciendo de otra manera?

- ¿Qué pasos estás siguiendo para alentar la colaboración? ¿Estás dando el ejemplo adecuado? Es decir, ¿le estás pidiendo a los demás que hagan cosas que tú mismo no estás dispuesto a hacer?

Notas

Nota: todos los comentarios de entrevistas a expertos fueron tomados de los diálogos realizados por el autor en el otoño de 2013.

Capítulo 1

1. 2013 *Best Companies for Leadership, Hay Group*, 2013, http://www.hay group.com/best-companiesforleadership/media-fact-box/index. aspx. El estudio de las mejores compañías para el liderazgo, desarrollado por el Hay Group, encuestó cerca de 18.000 individuos y más de 2.200 organizaciones alrededor del mundo. El estudio correspondiente al 2013 es el octavo de una serie de estudios anuales que comenzó en 2006.

2. Adaptado de las siguientes fuentes: John Carlin, *Playing for the Enemy: Nelson Mandela and the Game That Made a Nation* (New York: Penguin, 2008); *Invictus*, dirigida por Clint Eastwood y escrita por Anthony Peckham, actuación estelar de Morgan Freeman y Matt Damon, 2009.

3. John Baldoni, *"Few Executives Have Self-Awareness but Women Do Better"*, *Harvard Business Review* (Mayo 9, 2013), http://blogs.hbr. org/2013/05/few-executives-are-self-aware/.

4. Baldoni, *"Few Executives Have Self-Awareness but Women Do Better".*

5. 2012 *Hay Group Study based upon review of Emotional and Social. Competency Index,* http://www.businesswire.com/news/home/201203.27005180/en#.UxS0-9wrd00; también Baldoni, *"Few Executives Have Self-Awareness but Women Do Better"* http://blogs.hbr.org/2013/05/ few-executives-are-self-aware/.

6. La referencia de Donald Altman a Velcro viene del neuropsicólogo Rick Hanson, que dijo: "Tu cerebro es como velcro para las experiencias negativas y teflón para las positivas, aunque la mayoría de tu experiencias sean, probablemente, neutras o positivas... y, en las relaciones, por lo general toma alrededor de cinco interacciones positivas para superar los efectos de una sola negativa", Donald Altman, *One-Minute Mindfulness* (Novato, CA: New World Library, 2011), 30.

7. Joel Stein *"The Real Terminator: How Jerry Brown Scared California Straight",* Bloomberg/Businessweek (Mayo 5, 2013), http://www.businessweek.com/ articles/2013-04-25/jerry-brown-californias-grownup-governor.

8. Stein, *The Real Terminator: How Jerry Brown Scared California Straight.*

9. Stein, *The Real Terminator: How Jerry Brown Scared California Straight.*

10. Stein, *The Real Terminator: How Jerry Brown Scared California Straight.*

11. Stein, *The Real Terminator: How Jerry Brown Scared California Straight.*

12. *Lincoln,* escrito por Anthony Kushner y dirigido por Steven Spielberg, 2012.

13. Dan Damon, *"Judith Tebbutt: My Six Months Held Hostage by Somali Pirates",* BBC News Magazine (July 26, 2013); ver también Judith Tebbutt, *A Long Walk Home* (London: Faber and Faber, 2013).

14. Doris Kearns Goodwin, *Team of Rivals: The Political Genius of Abraham Lincoln* (New York: Simon & Schuster, 2005).

Capítulo 2

1. 2013 *Best Companies for Leadership,* Hay Group, 2013, http://www.haygroup.com/bestcompaniesforleadership/media-fact-box/index.aspx.

2. David Barrett, *Miracle at Merion: The Inspiring Story of Ben Hogan's Comeback and Win at the 1950 U.S. Open* (New York: Skyhorse Publishing, 2010), 285–86.

3. Basado en Curt Sampson, Hogan (New York: Broadway Books, 1997); David Barrett, *Miracle at Merion: The Inspiring Story of Ben Hogan's Comeback and Win at the 1950 U.S. Open* (New York: Skyhorse Publishing, 2010).

4. James M. Kouzes y Barry Z. Posner, *The Leadership Challenge: How to Make Extraordinary Things Happen in Organizations,* quinta edición (New York: Jossey-Bass, 2012).

5. Susan Berfield, *"Why the McWrap Is So Important to McDonald's"*, *Bloomberg Businessweek* (Julio 3, 2013).

6. Ashlee Vance, *"Electric Car Company Chic"*, *Bloomberg/Businessweek*, Julio, 28, 2013; Ashlee Vance, *"Elon Musk: The 21st. Century Industrialis"* *Bloomberg Businessweek* (Septiembre 13, 2012).

7. David Carr, *"TV Foresees Its Future. Netflix Is There"*, New York Times (Julio 22, 2013).

8. Adam Hartung, *"Netflix: The Turnaround Story of 2012"*, Forbes.com (Enero 29, 2013), http://www.forbes.com/sites/adamhartung/2013/01/29/netflix-the-turnaround-story-of-2012/.

9. Carr, *"TV Foresees Its Future. Netflix Is There"*.

10. Carr, *"TV Foresees Its Future. Netflix Is There"*.

11. Susan Dominus, *"Is Giving the Secret to Getting Ahead?"* New York Times Magazine (Marzo 27, 2013); Adam Grant, *Dar y Recibir: un enfoque revolucionario para conseguir el éxito* (New York: Viking, 2013).

12. Daniel Isenberg, *Worthless, Impossible, and Stupid: How Contrarian Entrepreneurs Create and Capture Extraordinary Value* (Boston: Harvard Business Review Press 2013), 142.

13. Isenberg, *Worthless, Impossible, and Stupid*, 144–151.

14. Isenberg, *Worthless, Impossible, and Stupid*, 179–189, 193–210.

15. Isenberg, *Worthless, Impossible, and Stupid*, 208–210.

Capítulo 3

1. Matt Paese, *"Why Executives React: Personality Patterns that Survive at the Top"* Developmental Dimensions International, Inc. (2013) http://www.ddiworld.com / DDI World/media/pov/whyexecutivesreact_ pov_ddi.pdf?ext=.pdf

2. Adaptado de los siguientes materiales: *"A Look at Thatcherism, the Polarizing Legacy of the 'Iron Lady'"* con Gwen Ifill (anfitriona), John Burns *(New York Times)*, y Rana Foroohar *(Time)*, PBS NewsHour (Abril 9, 2013); Joseph R. Gregory, *"'Iron Lady' Who Set Britain on a New Course"*, *New York Times* (Abril 8, 2013); Alistair MacDonald, *"Former British Prime Minister Margaret Thatcher Dies"*, *Wall Street Journal* (Abril 8, 2013); David Brooks, *"The Vigorous Virtues"*, *New York Times,* Abril 9, 2013; A.C. Grayling, *"Thatcher's Divided Isle"*, *New York Times* (Abril 9, 2013). Adicionalmente, este perfil se inspiró en tres películas ficcionales: *La dama de hierro* (2011) con actuación estelar de Meryl Streep, escrita por Abi Morgan y dirigida por Phyllida Lloyd; *Margaret Thatcher: el largo camino hacia Finchley* (2008), producida por Robert Cooper, Kate Triggs, Bethan Jones, BBC Films; *Margaret* (2009) escrita por Richard Cottan y dirigida por James Kent BBC Films.

3. Jeffrey Kruger, *"Assessing the Creative Spark"*, Time.com (Mayo 9, 2013). Los datos de encuestas procedentes de infografía se basan en la investigación de *The Time/MPAA /Microsoft Survey* dirigida por Penn Shoen Berland, Abril 2013,

No. 2040 adult consumers, http://business.time. com/2013/05/09/assessing-the-creative-spark/.

4. Howard Gardner *Frames of Mind: Theory of Multiple Intelligences*, Tercera Edición (New York: Basic Books, 2011); Howard Gardner, *Multiple Intelligences: New Horizons in Theory and Practice* (New York: Basic Books, 2006).

5. John Baldoni, "*5 Questions Every Leader Needs to Ask*", Forbes.com (Septiembre 17, 2013), http://www.forbes.com/sites/johnbaldoni/2013/09/17/character-5-questions-to-ask-yourself/. Los interrogantes surgieron de preguntas hechas por Jeff Nelson, director de *OneGoal*, citado en Joe Nocera, "*Reading, Math and Grit*", New York Times (Septiembre 7, 2012).

6. John Baldoni, "Ronald Reagan's Secret to Great Leadership," FastCom pany.com (Febrero 11, 2011), http://www.fastcompany.com/1725652/Ronald-reagans-secret-great-leadership.

7. Thomas J. Figueira, T. Corey Brennan, y Rachel Hall Sternberg, *Wisdom from the Ancients* (New York: Perseus Publishing, 2001), 206–7; *Alexander the Great*, https://en.wikipedia.org/wiki/Alexander_the_Great.

Capítulo 4

1. *2013 Best Companies for Leadership, Hay Group*, 2013, http://www.haygroup.com/bestcompaniesforleadership/media-fact-box/index.aspx.

2. Adaptado de Jennifer Clark, *Mondo Agnelli: Fiat, Chrysler, y the Power of a Dynasty* (Hoboken, NJ:

John Wiley & Sons, 2011); John Baldoni, *"What It Takes to Lead a Turnaround",* *CBSNews Moneywatch,* (Enero 24, 2012).

3. Drew Boyd and Jacob Goldenberg, *"Think Inside the Box",* *Wall Street Journal,* (Junio 14, 2013).

4. *"Innovation Pessimism",* *The Economist* (Enero 12, 2013).

5. *"Innovation Pessimism",* *The Economist.*

6. Robert J. Gordon, *"Why Innovation Won't Save Us",* *Wall Street Journal* (Diciembre 21, 2012).

7. Boyd and Goldenberg, *"Think Inside the Box".*

8. *"Titans of Innovation",* Schumpeter, *The Economist,* (Abril 27, 2013).

9. Brad Stone, *"Inside Google's Secret Lab",* *Bloomberg Businessweek* (May 22, 2013).

10. *"Venetian Glass: Blow Up",* *The Economist,* (July 6, 2013).

Capítulo 5

1. *2013 Best Companies for Leadership, Hay Group,* 2013, http://www.haygroup.com/bestcompaniesforleadership/media-fact-box/index.aspx.

2. Adaptado de la entrada de Dolly Parton, Biography.com; *"Country Music Legend Dolly Parton's New Role: 'Book Lady'",* *PBS NewsHour* (Mayo 29, 2013); Dana McMahan, *"Dollywood to Get $300 Million Upgrade",* *Today* (Agosto 21, 2013); John Baldoni, *"The Leadership Lessons of Dolly Parton",* HBR.org (Marzo 25, 2008).

3. Thomas Williams, Christopher G. Worley, and Edward E. Lawler, "*The Agility Factor*", *strategy+business* (Abril 15, 2013).

4. John Baldoni, *Lead with Purpose: Giving Organizations a Reason to Believe in Themselves* (New York: AMACOM, 2011), 66–70.

5. Robert Caro, Lyndon Johnson: El *paso del poder*, *vol 4*. (New York: Alfred A. Knopf, 2012), 446–51.

6. Dennis Seeds, "*Scott Moorehead Uses Culture to Drive Success at The Cellular Connection to the Tune of $600 Million in Sales*", SmartBusiness/Indianapolis (November 24, 2013).

7. Seeds, "*Scott Moorehead Uses Culture to Drive Success at The Cellular Connection to the Tune of $600 Million in Sales*".

8. Seeds, "*Scott Moorehead Uses Culture to Drive Success at The Cellular Connection to the Tune of $600 Million in Sales*".

9. Christopher Seaman, "*What Is That Conductor Up To?*" *Wall Street Journal* (Agosto 3, 2013).

10. Andrew St. George, "*Leadership Lessons from the Royal Navy*", McKinsey Quarterly (Enero 2013). Ver también Andrew St. George, *Royal Navy Way of Leadership* (London: Cornerstone Publishing, June 2012).

11. Gary Hamel "*First, Let's Fire All the Managers*", *Harvard Business Review* (Diciembre, 2011). [Para más información sobre este acercamiento, leer Gary Hamel, *What Matters Now* Nueva York: Jossey-Bass, 2012).

12. Richard Sheridan, *Joy, Inc.: How We Built a Workplace People Love* (Nueva York: Portfolio/Penguin, 2014).

Apéndice

1. Los comentarios de Jim Haudan provenientes de un extracto de "La historia de Blake," una presentación sobre la superación de la adversidad, son usados con autorización. El tema "La fe, el fuego y el enfoque" se atribuye al autor y al consultor Alan Fine, www.alan-fine.com.

2. *"Venetian Glass: Blow Up", The Economist* (Julio 6, 2013).

Referencias

"2013 Best Companies for Leadership". Hay Group, 2013. http://www.haygroup.com/bestcompaniesforleadership/media-fact-box/index.aspx.

"A Look at Thatcherism, the Polarizing Legacy of the 'Iron Lady'". Con Gwen Ifill (anfitriona), John Burns y Rana Foroohar, *PBS/ NewsHour,* Abril 9, 2013.

Altman, Donald. *One Minute Mindfulness.* Novato, CA: New World Library, 2011.

Baldoni, John. *"5 Questions Every Leader Needs to Ask".* Forbes.com, Septiembre 17, 2013. http://www.forbes.com/sites/johnbaldoni/2012/09/17/character-5-questions-to-ask-yourself/.

————. *"Few Executives Have Self-Awareness but Women Do Better".* Harvard Business Review, Mayo 9, 2013. http://blogs.hbr.org/2013/05/ few-executives-are-self-aware/.

————. *"What It Takes to Lead a Turnaround".* CBS-News Moneywatch, Enero 24, 2012.

————. *Lead with Purpose: Giving Organizations a Reason to Believe in Themselves.* Nueva York: AMACOM, 2011.

————. "Ronald Reagan's Secret to Great Leadership", FastCompany. com, Febrero 11, 2011. http://www.fastcompany.com/1725652/ronald-reagans-secret-great-leadership.

————. "The Leadership Lessons of Dolly Parton". HBR.org, Marzo 25, 2008.

Barrett, David. *Miracle at Merion: The Inspiring Story of Ben Hogan's Comeback and Win at the 1950 U.S. Open.* Nueva York: Skyhorse Publishing, 2010.

Berfield, Susan. "Why the McWrap Is So Important to McDonald's". *Bloomberg/Businessweek,* Julio, 3, 2013.

Boyd, Drew y Jacob Goldenberg. "Think Inside the Boss". *Wall Street Journal,* Junio 14, 2013.

Brooks, David. "The Vigorous Virtues". *New York Times,* Abril 9, 2013. Carlin, John. *Playing for the Enemy: Nelson Mandela and the Game That Made a Nation.* Nueva York: Penguin, 2008.

Caro, Robert. *El paso del poder,* Vol 4. Nueva York: Alfred A. Knopf, 2012.

Carr, David. "TV Foresees Its Future. Netflix Is There". *New York Times,* Julio 22, 2013.

Clark, Jennifer. *Mondo Agnelli: Fiat, Chrysler, and the Power of a Dynasty.* Hoboken, NJ: John Wiley & Sons, 2011.

"Country Music Legend Dolly Parton's New Role: 'Book Lady,'" PBS News- Hour, Mayo 29, 2013.

Damon, Dan. "Judith Tebbutt: My Six Months Held Hostage by Somali Pirates". *BBC News Magazine,* Julio 26, 2013.

Dolly Parton Biography. Biography.com. http://www. biography.com/people/dolly-parton-9434112#awes-m=~oI2O1oumeWrMZi.

Dominus, Susan. *"Is Giving the Secret to Getting Ahead?" The New York Times Magazine,* Marzo 27, 2013.

Figueira, Thomas J., T. Corey Brennan y Rachel Hall Sternberg. *Wisdom from the Ancients.* Nueva York: Perseus Publishing, 2001.

Gardner, Howard. *Frames of Mind: Theory of Multiple Intelligences,* tercera edición. Nueva York: Basic Books 2011.

————. *Multiple Intelligences: New Horizons in Theory and Practice.* Nueva York: Basic Books, 2006.

Gordon, Robert J. *"Why Innovation Won't Save Us". Wall Street Journal,* Diciembre 21, 2012.

Grant, Adam. *Give and Take: Revolutionary Approach to Success.* Nueva York: Viking, 2013.

Grayling, A.C. *"Thatcher's Divided Isle". New York Times,* Abril 9, 2013. Gregory, Joseph R. *"'Iron Lady' Who Set Britain on a New Course".* Nueva York Times, Abril 9, 2013.

Hamel, Gary. *"First, Let's Fire All the Managers". Harvard Business Review,* Diciembre 2011.

————. *What Matters Now.* Nueva York: Jossey-Bass, 2012.

Hartung, Adam. *"Netflix: The Turnaround Story of 2012",* Forbes.com, Enero 29, 2013. http://www.forbes. com/sites/adamhartung/2013/01/29/ netflix-the-tur-naround-story-of-2012/.

Invictus. Escrita por Anthony Peckham y dirigida por Clint Eastwood. Actuación estelar de Morgan Freeman y Matt Damon, 2009.

Iron Lady. Escrita por Abi Morgan y dirigida por Phyllida Lloyd. Actuación estelar de Meryl Streep, 2011.

"Innovation Pessimism", *The Economist,* Enero 12, 2013.

Isenberg, Daniel. *Worthless, Impossible, and Stupid: How Contrarian Entrepreneurs Create and Capture Extraordinary Value.* Boston: *Harvard Business Review Press,* 2013.

Kearns Goodwin, Doris. *Team of Rivals: The Political Genius of Abraham Lincoln.* Nueva York: Simon & Schuster, 2005.

Kouzes, James M. y Barry Z. Posner. *The Leadership Challenge: How to Make Extraordinary Things Happen in Organizations,* quinta edición (en inglés). Nueva York: Jossey-Bass, 2012.

Kruger, Jeffrey. "Assessing the Creative Spark". Time.com, Mayo 9, 2013, http://business.time.com/2013/05/09/assessing-the-creative-spark/.

Lincoln. Escrita por Anthony Kushner y dirigida por Steven Spielberg, 2012.

Margaret. Escrita por Richard Cottan y dirigida por James Kent. *BBC Films,* 2009.

Margaret Thatcher: El largo camino hacia Finchley. Producida por Robert Cooper, Kate Triggs, Bethan Jones. *BBC Films,* 2008.

MacDonald, Alistair. "Former British Prime Minister Margaret Thatcher Dies". *Wall Street Journal,* Abril 8, 2013.

McMahan, Dana. *"Dollywood to Get $300 Million Upgrade".* *Today,* Agosto 21, 2013.

Nocera, Joe. *"Reading, Math and Grit".* *New York Times,* Septiembre 7, 2012. Sampson, Curt. Hogan. Nueva York: Broadway Books, 1997.

Seaman, Christopher. *"What Is That Conductor Up To?".* *Wall Street Journal,* Agosto 3, 2013.

Seeds, Dennis. *"Scott Moorehead Uses Culture to Drive Success at The Cellular Connection to the Tune of $600 Million in Sales".* *SmartBusiness/Indianapolis,* Noviembre 24, 2013.

Sheridan, Richard. *Joy, Inc.: How We Built a Workplace People Love.* Nueva York: Portfolio/Penguin, 2014.

St. George, Andrew. *"Leadership Lessons from the Royal Navy".* McKinsey Quarterly, Enero 2013.

————. *Royal Navy Way of Leadership.* London: Cornerstone Publishing, Junio, 2012.

Stein, Joel. *"The Real Terminator: How Jerry Brown Scared California Straight".* *Bloomberg/Businessweek,* Mayo 5, 2103. http://www.businessweek.com/ articles/2013-04-25/jerry-brown-californias-grownup-governor.

Stone, Brad. *"Inside Google's Secret Lab".* *Bloomberg Businessweek,* Mayo 22, 2013.

Tebbutt, Judith. *A Long Walk Home.* London: Faber and Faber, 2013. *"Titans of Innovation".* Schumpeter, *The Economist,* Abril 27, 2013.

Vance, Ashlee. *"Electric Car Company Chic".* *Bloomberg/Businessweek,* July, 28, 2013.

—————. *"Elon Musk: The 21st Century Industrialist" Bloomberg/ Businessweek*, Septiembre 13, 2012.

"Venetian Glass: Blow Up". The Economist, Julio 6, 2013.

Wikipedia. *"Alexander the Great". Wikipedia, The Free Encyclopedia.* http://en.wikipedia.org/wiki/Alexander_the_Great.

Williams, Thomas, Christopher G. Worley, and Edward E. Lawler. *"The Agility Factor". strategy+business,* Abril 15, 2013.

"Women Poised to Effectively Lead in Matrix Work Environments, Hay Group Research Finds". Business Wire, Mayo 27, 2012. http://www .businesswire.com/news/home/20120327005180/en#.UxS0-9wrd00.